KEN IA

W0105451

Reisen mit MARCO POLO
Insider-Tipps

MARCO POLO
TOP-HIGHLIGHTS

DHOW-FAHRTEN VOR LAMU ★1

Bei einer Tour auf einem der traditionellen Boote kannst du den glitzernden Ozean und die Trauminsel Lamu genießen.

➤ S. 60, Die Küste

DIANI BEACH ★2

Rauschende Palmen, weißer Sand: Südlich von Mombasa liegt Kenias Traumstrand Nummer 1.

➤ S. 51, Die Küste

AMBOSELI NATIONAL PARK ★3

Der gewaltige Kilimandscharo (Foto) lässt die Elefanten und Giraffen, die durch die Savanne ziehen, klein erscheinen.

📷 *Tipp: Darf es ein bisschen Klischee sein? Der Akazienbaum vorm wolkenumwaberten Gipfel, am besten im Abendlicht.*

➤ S. 66, Der Südosten

NAIROBI NATIONAL PARK ★4

Ein Rückzugsort der Natur in Kenias Hauptstadt – nur wie lange noch?

📷 *Tipp: Zebras, Giraffen und Löwen vor glitzernder Skyline – das gibt es nur hier.*

➤ S. 80, Nairobi

LAKE NAKURU ★5

Eine der größten Flamingo-kolonien der Welt verwandelt den Nakuru-See in einen rosa-farbenen Traum.

➤ S. 97, Der Südwesten

MASAI MARA ★6

Savanne, so weit das Auge reicht, und die besten Chancen, die begehrten Big Five vor die Linse zu bekommen: das Topziel für Foto-safaris in Kenia.

📷 *Tipp: Fotografier auf dem Weg von Nairobi am nicht zu verfehlenden Aussichtspunkt das spektakuläre Rift Valley!*

➤ S. 94, Der Südwesten

KAKAMEGA NATIONAL PARK

Kenias tropischer Regenwald: In uralten Baumriesen tummeln sich Affen, Vögel und Schmetterlinge.

➤ S. 99, Der Südwesten

MOUNT KENYA 🟥 8

Der heilige Berg der Kikuyu – ein Traum für Bergsteiger und Wanderer.

📷 *Tipp: In Nanyuki am Fuße des Mount Kenya kennzeichnet ein Schild die exakte Stelle, an der man den Äquator überquert.*

➤ S. 108, Highlands & Der Norden

SAMBURU 🟥 9

Atemberaubende Tierwelt im wüsten Norden: Grevy-Zebras, Gerenuks und Netzgiraffen.

➤ S. 110, Highlands & Der Norden

KAMELSAFARI IM SAMBURULAND

Trekken wie die Nomaden: Wo Kenias Straßen enden, geht es nur noch auf dem Wüstenschiff voran.

📷 *Tipp: Wunderschöne Details an einheimischen Gewändern und Schmuck – unbedingt um Erlaubnis fragen und Trinkgeld geben!*

➤ S. 111, Highlands & Der Norden

INHALT

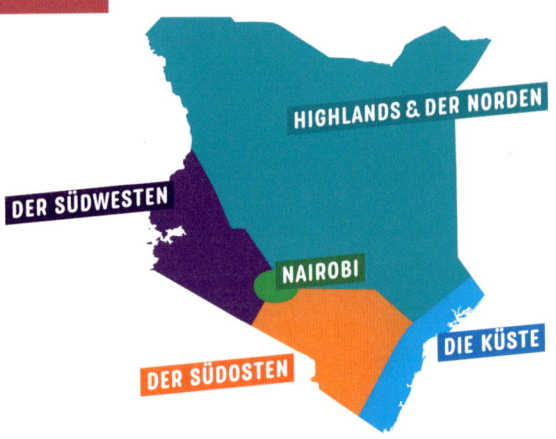

🕑 Besuch planen   🍴 Essen/Trinken

€ – €€€ Preiskategorien   👜 Shoppen

(*) Kostenpflichtige   🍸 Ausgehen
    Telefonnummer
                      🏖 Top-Strände

(🗺 A2) Herausnehmbare Faltkarte
(🗺 a2) Zusatzkarte auf der Faltkarte
(0) Außerhalb des Faltkartenausschnitts

BESSER PLANEN
MEHR ERLEBEN!

**Digitale Extras
go.marcopolo.de/app/ken**

MARCO POLO

DIGITALE EXTRAS

DIGITAL NOCH MEHR ERLEBEN

Schneller in Urlaubslaune kommen.

Perfekt organisiert sein – vor, während und nach dem Urlaub.

Mit der MARCO POLO Touren-App und unseren digitalen Angeboten.

Noch mehr Trendziele, Inspiration und aktuelle Infos findest du auf **marcopolo.de**

Werde Teil unserer Reise-Community und folge uns auf **Instagram** und **Facebook!**

SO EINFACH GEHT'S

MARCO POLO

1 Website besuchen

2 Die digitale Welt von MARCO POLO entdecken

3 App runterladen und ab in den Urlaub

Alle Infos zum digitalen Angebot unter **marcopolo.de/app**

DAS BESTE ZUERST

Man möchte sich direkt dorthin träumen: Diani Beach

BEST OF

BEI REGEN

SCHÖN, AUCH WENN ES REGNET

ZURÜCK IN DIE VERGANGENHEIT
Kenia ist die Wiege der Menschheit. Im *National Museum* in Nairobi erfährst du, warum – und lernst zudem einen Elefanten namens Ahmed kennen (Foto).
➤ S. 78, Nairobi

MODERN ART OF KENYA
Während es draußen regnet, führst du dir drinnen zeitgenössische Kunst zu Gemüte. Die *One Off Contemporary Art Gallery* zeigt Carol Lees Bilder und Skulpturen aller Künstler, die in Kenia Rang und Namen haben.
➤ S. 80, Nairobi

UNTER GRÜNEN HÜGELN
Die unterirdischen Kanäle, die die Lavahügel der *Chyulu Hills* durchziehen, sind der perfekte natürliche Regenschutz! Taschenlampen beleuchten eine magische Landschaft, die nur wenige je zu Gesicht bekommen.
➤ S. 73, Der Südosten

GANZ AFRIKA IN EINEM HAUS
Draußen westafrikanische Lehmarchitektur, drinnen Kunst vom ganzen Kontinent: Alan Donovans *African Heritage House* kannst du mit Voranmeldung besichtigen, Lunch oder Dinner mit dem Hausherrn inklusive.
➤ S. 88, Nairobi

ZWISCHEN SCHMETTERLINGEN
Auf der *Kipepeo Butterfly Farm* bei Malindi werden im Gewächshaus mehr als 260 Schmetterlingsarten gezüchtet: eine farbenfrohe Abwechslung vom grauen Himmel.
➤ S. 56, Die Küste

SESAM, ÖFFNE DICH!
Lamus einzigartige Kultur und Architektur sind stark arabisch geprägt. Besonders imposant sind die mit Schnitzereien verzierten Holztüren, die du zusammen mit anderen Artefakten im *Lamu Museum* sehen kannst.
➤ S. 59, Die Küste

BEST OF 🐷€

LOW-BUDGET

FÜR DEN KLEINEN GELDBEUTEL

BLAU AUF WEISS

Kenias Traumstrände: türkisblaues Wasser und pulverfeiner, weißer Sand. Glücklicherweise gibt es viele öffentliche Strände, an denen du vorzüglich relaxen und frische Kokosnüsse genießen kannst, z. B. *Bofa Beach* in Kilifi.

➤ S. 53, Die Küste

URMENSCHEN AUF DER SPUR

In *Olorgesailie*, 70 km von Nairobi, finden sich Überreste einer Urmenschensiedlung, die seit den 1940ern so viele Funde zu Tage fördert, dass es Archäologiefans die Tränen in die Augen treibt. Die Ausgrabungsstätte und das Museum sind gratis zu besichtigen.

➤ S. 94, Der Südwesten

TALENTE UND KULT-CLIPS

Bunte Tanzperformances, Rap-Battles, Konzerte und mehr gibt es in der *Alchemist Bar* in Nairobi oft für lau. Dienstagabends kannst du von afrikanischen Kuratorinnen ausgewählte Kino- und Kurzfilme sehen – auch das in der Regel umsonst.

➤ S. 86, Nairobi

PICKNICK AM NAIVASHASEE

Das Wochenende verbringen viele Kenianer gern am *Naivashasee* (Foto). Nur eine Stunde von der Hauptstadt entfernt, genießt man ein Picknick am sanft plätschernden Seeufer, schaut dabei Affen, Flusspferden und Vögeln zu, etwa auf den Wiesen vor dem *Fisherman's Camp*.

➤ S. 96, Der Südwesten

KUNST AUS SCHERBEN

Die deutsch-kenianische Künstlerin Nani Croze macht aus Altglas Kirchenfenster, schiefe Krüge, Windspiele und vieles mehr. Statte ihrer Werkstatt *Kitengela*, selbst ein Gesamtkunstwerk aus geschmolzenem Glas, am Stadtrand von Nairobi einen Besuch ab – ganz ohne Kaufzwang!

➤ S. 32, Shoppen & Stöbern

BEST OF

MIT KINDERN

SPANNENDES FÜR GROSS & KLEIN

HAPPA UND HIPPOS
Im Restaurant *Lazybones* kriegen kleine und große Abenteurer Leckeres zwischen die Zähne und können danach bei einer Bootstour auf dem Lake Naivasha imposante Herden von Flusspferden beobachten.
➤ S. 98, Der Südwesten

QUIETSCHVERGNÜGT UND NASS
An der Nordküste in Nyali befindet sich ein Highlight für jedes Kind: der Wasserpark *Wildwaters*. Hier können sich die Kleinen in an Wasserrutschen und Spielgeräten so richtig austoben.
➤ S. 54, Die Küste

ESEL IM RUHESTAND
Mehr als nur ein Streichelzoo ist das *Donkey Sanctuary* in der Altstadt von Lamu, denn dieser Zufluchtsort für Esel hat eine Mission. Hier können die kranken und alten Tiere der Insel ihre müden Knochen ausruhen.

Gleichzeitig haben kleine und große Besucher die Möglichkeit, ihnen ganz nahe zu kommen, mit ihnen zu kuscheln und mehr über die freundlichen Huftiere zu lernen.
➤ S. 59, Die Küste

WAISENHAUS FÜR ELEFANTEN
Einmal am Tag werden die süßen Elefantenbabys, die im *David Sheldrick Wildlife Trust* (Foto) für die Rückkehr in die Wildnis aufgepäppelt werden, gefüttert – und ihr seid als Zuschauer live dabei.
➤ S. 80, Nairobi

HUNGRIGE LANGHÄLSE
Noch mehr Tiere – aber dafür bist du ja schließlich hier: Im *Giraffe Centre* in Nairobi fressen die Giraffen den Besuchern aus der Hand – und geben ihnen auch schon mal einen rabiaten Kuss.
➤ S. 80, Nairobi

BEST OF

TYPISCH

DAS ERLEBST DU NUR HIER

IM SAFARIPARADIES
Die *Masai Mara* ist Afrika-Feeling pur: In der Savanne grasen Zebras und Büffel, Löwen und Leoparden jagen nach Beute, und prächtige Vögel ziehen über die atemberaubende Szenerie hinweg.
➤ S. 94, Der Südwesten

KILIMANDSCHARO-BLICK
Afrikas höchster Berg ist ein einmaliger Anblick, den du besonders schön aus einem Zimmer mit „mountain view" in einer der *Lodges im Amboseli National Park* genießen kannst: Der schneebedeckte Gipfel leuchtet im blauen Himmel, davor marschieren Elefantenherden durchs Gras.
➤ S. 68, Der Südosten

ESSEN WIE DIE KENIANER
Den weißen Maisbrei *Ugali* solltest du unbedingt einmal probieren: Dazu gibt es geröstete Ziege, Lamm oder Fisch und *Sukumawiki*, eine Art Mangold. Erhältlich an fast jeder Straßenecke oder im *Amaica*-Restaurant in Nairobi.
➤ S. 83, Nairobi

SCHWIMMEN, TAUCHEN, SONNENBADEN
Der wohl schönste Strand Kenias liegt südlich von Mombasa und heißt *Diani Beach* (Foto): feiner weißer Sand mit Palmen, davor das türkisfarbene Meer und das Riff, wo du eine schillernde Vielfalt von Fischen und Korallen tauchend oder schnorchelnd entdecken kannst.
➤ S. 51, Die Küste

AN DER QUELLE
Ob in der britisch geprägten Teekultur Nairobis oder dem an der Küste getrunkenen Massala-Chai-Tee ist in Kenia allgegenwärtig. Auf der *Kiambethu Farm* kannst du eine der Plantagen besichtigen.
➤ S. 89, Nairobi

SO TICKT KENIA

Abheben und die Tierherden der Masai Mara von oben betrachten

ENTDECKE KENIA

Business as usual auf der Kenyatta Avenue in Nairobi

Die Nationalfarben sind Schwarz, Rot, Grün und Weiß. Dabei müssten es eigentlich noch so viele mehr sein, denn die Farbenpracht Kenias sucht ihresgleichen: goldene Strände am Indischen Ozean und türkisfarbene Wellen; roter Savannenstaub, der sich auf Elefanten und Büffel legt; in der Ferne die weiße Kuppe des Kilimandscharo, der mit 5892 m höchste Berg Afrikas hinter der Grenze zu Tansania; die blauen Seen des afrikanischen Grabenbruchs mit ihren brodelnden Geysiren und das Jadegrün des Turkanasees, das im Norden die karge Weite der Wüste durchbricht.

KONTRASTE ZWISCHEN REGENWALD UND SAVANNE

Eine solche Vielfalt gibt es in Afrika kein zweites Mal. Quer durch das Land zieht sich der Äquator und teilt es in zwei ungleiche Hälften: den weithin fruchtbaren

2,5 Mio. v. Chr.
Wiege der Menschheit: Erste Frühmenschen in Nordkenia

9. Jh. n. Chr.
Gründung der Swahili-Kultur an der Küste durch Handel mit Muslimen aus Arabien und Persien

1920
Das Protektorat Ostafrika wird zur britischen Kronkolonie Kenya

1963
Kenia wird unter Präsident Jomo Kenyatta unabhängig

2002
Auf die erstmalige freie Abwahl der Regierungspartei folgt eine friedliche Machtübergabe

Süden mit großen Städten, wo der weitaus größte Teil der Bevölkerung lebt, und den trockenen, weiten Norden, den Nomaden durchwandern und der das Ziel der Abenteuerlustigen ist. Regenwälder und Teeplantagen, staubige Dornbuschsavannen und rollende Sanddünen: Das alles ist Kenia. Nicht nur die höchsten Berge, auch die tiefsten Schluchten hat das Land zu bieten: Der Große Grabenbruch (Rift Valley) fällt von der fruchtbaren Hochebene abrupt und steil um mehrere hundert Meter ab.

PURES AFRIKA-FLAIR

Es sind Bilder, die den „König der Löwen" oder „Jenseits von Afrika" heraufbeschwören: Wenn die aufgehende Sonne die Savanne in ihren Schimmer taucht, ist die beste Zeit, auf Safari zu gehen. Giraffen und Geparden, Leoparden, Löwen, Nashörner und Flusspferde, dazu Zebras, Krokodile, Gnus und Hunderte Vogelarten erwachen mit dem neuen Tag. Kenias Nationalparks und Reservate lassen sich mit dem Geländewagen bequem erkunden. Zwischen den Fahrten muss man in den Lodges und Bush Camps auf kaum eine Annehmlichkeit verzichten. Nur der Blick von der Terrasse erinnert daran, dass man sich in der Wildnis befindet.

JENSEITS VON SAFARIS

Kenias Strände gehören ebenso wie die Tauchgründe zu den schönsten der Welt. Und überall im Land werden alle erdenklichen Aktivsportarten angeboten. Wer nicht nur faul am Strand liegen möchte, kann segeln oder angeln, surfen oder

2004 Umweltschützerin Wangari Maathai erhält als erste Afrikanerin den Friedensnobelpreis

2011 Kenia erklärt Al Shabaab in Somalia den Krieg. Die Islamisten verüben mehrere Anschläge in Kenia

2013 Uhuru Kenyatta wird Präsident. Eine ICC-Anklage gegen ihn wird fallen gelassen

2020 Zu Anfang der Corona-Pandemie werden strenge Ausgangssperren durchgesetzt – teilweise mit Gewalt

schnorcheln und Golf spielen – mit Meerblick. Auch Kitesurfing ist möglich sowie Mountainbiketouren in den unterschiedlichsten Terrains. Oder wie wäre es mit Bergsteigen oder Trekking am Kilimandscharo oder Mount Kenya?

FÜR JEDEN ETWAS DABEI

Wer sich nach Stadtleben sehnt, nach Kultur, Abwechslung im Speiseplan oder einer hippen Bar, wird in den Metropolen Mombasa und Nairobi fündig. Wie genau man den Urlaub in Kenia verbringt, hängt auch vom Geldbeutel ab. Luxuslodges, die nur mit dem Privatflieger erreichbar sind, werden von Madonna ebenso besucht wie von Prinz William, der seiner Kate hier seinen Heiratsantrag machte. Die Alternative sind Linienflüge, sogar Billigflieger – und für die kurzen Distanzen Mietwagen, günstige Taxen per Taxi-App oder schlicht ein Platz im Matatu, dem stets vollgestopften Massentransportmittel der Kenianer.

KULTUR: INTERESSANT – POLITIK: BRISANT

Die Kultur der Kenianer ist so vielfältig wie ihr Land, das immerhin anderthalbmal so groß ist wie Deutschland. Die über 50 Millionen Menschen stammen aus mehr als vierzig Ethnien, jede mit ihrer eigenen Sprache und Geschichte. Kenianer, das sind auch die weißen Nachkommen der ehemaligen Siedler und die Mitglieder der großen indischen Gemeinschaft. Christen, Muslime und Hindus leben hier friedlich nebeneinander. Die Geschichte des Landes reicht bis ins 9. Jh. zurück, als an der Küste das blühende Handelsreich der Swahili entstand. Mit den Monsunwinden kamen Händler aus Indien und dem nahen und fernen Osten, die fremde Kostbarkeiten gegen Elfenbein und Sklaven tauschten. Der Portugiese Vasco da Gama begründete 1498 die europäische Fremdherrschaft. Erst 1963 – Kenia war zu diesem Zeitpunkt britische Kronkolonie – wurde das Land wieder unabhängig. Die bislang schlimmsten Unruhen erlebten die Kenianer nach den Wahlen 2007, als bürgerkriegsähnliche Zustände ausbrachen.

IM AUFSCHWUNG

Obwohl politisch angeschlagen, ist Kenia der stärkste Wirtschaftsmotor in der Region, wenn auch mit dem rasant an Fahrt gewinnenden Äthiopien dicht auf den Fersen. Besonders in Nairobi wird gebaut, was das Zeug hält. Bezahlt wird überall mit dem einfachen mobilen Bezahlsystem M-Pesa. Mit dem Aufschwung ist eine echte Mittelschicht entstanden. Junge Kenianerinnen pendeln und balancieren zwischen ihrer Verwandtschaft, die teilweise auf dem Land in Lehmhütten lebt, und der internationalen Tech- und Start-up-Szene in den Städten. Dabei kommen ihnen ein paar typisch kenianische Eigenschaften sehr zugute: Erfindungsreichtum, Anpassungsfähigkeit und – wenn alle Stricke reißen – ein ausgeprägter Galgenhumor. Du wirst schnell feststellen, dass die Bewohner selbst einer der größten Schätze Kenias sind. Lass dich anstecken von der Offenheit und Herzlichkeit und genieß den Urlaub in diesem faszinierenden Land!

AUF EINEN BLICK

50 Mio.
Einwohner

Spanien: ca. 46 Mio.

90

Mobilfunkverträge
je 100 Einwohner

536 km
Küstenlänge

Festland Küstenlänge an
der deutschen Ostsee: 328 km

580.367 km^2
Fläche

Frankreich: 544.000 km^2

**DURCHSCHNITTS-
ALTER
20** JAHRE

Deutschland:
47,4 Jahre

SCHNELLSTER MARATHONLAUF ALLER ZEITEN

1:59 h

Der Kenianer Eliud Kipchoge schaffte 2019 als
erster Mensch die 42 km in unter 2 Stunden
(außer Konkurrenz)

SPECIAL FIVE

Beisa-Oryx, Netzgiraffe, Grevyzebra, Gerenuk und Somalistrauß –
gibt es nur im Samburu-Gebiet im Norden Kenias

NAIROBI

Größte Stadt mit
4,4 Mio. Einwohnern

BIG FIVE
Elefant, Büffel, Leopard,
Löwe und Nashorn

**AUS ERNEUERBAREN
ENERGIEN STAMMEN
77 % DES STROMS**

KENIA VERSTEHEN

HARAMBEE

Dieses kenianische Volksmotto bedeutet auf Kiswahili so viel wie „alle an einem Strang ziehen". Und in diesem Vielvölkerstaat ist das auch nötig: Mehr als 40 Ethnien oder Stämme sind von der Regierung offiziell anerkannt. Englisch und Kiswahili sind die offiziellen Amtssprachen, je nach Ethnie sprechen die 50 Mio. Kenianer aber zusätzlich noch eine von mindestens dreißig weiteren Sprachen. Die größte Volksgruppe sind die Kikuyu (16,5 %), deren Stammland das Hochland rund um den Mount Kenya ist. Es folgen die Luhya aus dem Westen (13,5 %), Kalenjin aus dem Rift Valley (12,5 %), die Luo vom Viktoriasee (10 %) und die Kamba aus Kenias Südwesten (9,5 %). Immer mehr Kenianer, gerade in den Städten, entstammen Mischehen oder wollen sich keinem Stamm zurechnen lassen.

Die weltweit berühmteste Ethnie Kenias sind vermutlich die Massai, die bis heute farbenfroh gekleideten Nomaden der ostafrikanischen Steppenlandschaft. Dabei machen sie nur eine winzige Minderheit der Bevölkerung aus. Das besonders ausgeprägte Traditionsbewusstsein der Massai birgt ökonomische Nachteile und geht teilweise mit Menschenrechtsverletzungen wie der weiblichen Genitalverstümmelung einher. Anderseits sind die Massai Touristenmagneten.

ARM, ABER SEXY?

Obwohl Kenias Wirtschaft seit Jahren boomt, lebt die große Mehrzahl der Kenianer nach wie vor in Armut. Viele müssen mit nur wenigen Dollars am Tag über die Runden kommen. Im globalen Entwicklungsindex des UN-Entwicklungsprogramms UNDP belegt Kenia nur Platz 146 von 188. Die Corona-Pandemie verschärft dabei bestehende Probleme, auch wenn sie hier vergleichsweise glimpflich verlaufen ist. Wie sich die Lockdowns langfristig auf die Volkswirtschaft auswirken werden, ist noch nicht abzusehen. Sie treffen vor allem die Reisebranche, die Gastronomie und die Ärmsten der Armen. Deshalb gilt: Wenn möglich, immer Trinkgeld geben und Preisverhandlungen nicht bis zur Schmerzgrenze ausreizen.

DIE GRÜNEN ENGEL

Sie schützen in den Nationalparks die Menschen vor den Tieren – und die

Traditionelle Rinderzüchter: Massai beim Viehmarkt in der Masai Mara

Tiere vor den Menschen: Die grün uniformierten Ranger des *Kenya Wildlife Service (KWS)* sind die Männer und Frauen, die Wege instandhalten, Gebühren kassieren und Wilderer verfolgen, die es vor allem auf Elfenbein und Nashornhörner abgesehen haben. Die Zentrale der staatlichen Organisation liegt am Nairobi-Nationalpark. Wer auf eigene Faust Nationalparks besuchen will, kann hier eine *Safari Card* erwerben, auf die elektronisch Geld für die Parkgebühren geladen wird. Damit soll die Korruption bekämpft werden; an vielen Gates ist Barzahlung nicht mehr möglich, Kreditkarten werden aber meist akzeptiert.

HANDSCHLAG FÜR PROFIS

Während sich Erwachsene in Europa in der Regel die Hände schütteln, wird in Kenia eine besondere Betonung auf das Händeineinanderschlagen gelegt. Wie bei uns nur aus Hip-Hop-Kreisen bekannt, gibt es hier verschiedene Variationen – vom Daumen-Gegeneinanderschnalzen über Einanderheranziehen und Auf-die-Schulter-Klopfen bis hin zu kunstvollen Fingerübungen. Seit der Corona-Pandemie hat sich ein einfacher Fistbump als Begrüßung der Wahl herauskristallisiert.

LIEBE(R) AUF NUMMER SICHER

Die Immunschwächekrankheit AIDS ist in Kenia wie fast überall in Afrika ein großes Problem. Experten gehen davon aus, dass fast fünf Prozent aller erwachsenen Kenianer infiziert sind. Unter Risikogruppen ist die Rate viel höher: So wird geschätzt, dass vier von fünf (in Kenia in der Illegalität arbeitenden) Prostituierten infiziert sind. Halt für den Fall eines Urlaubsflirts Kondome bereit, die fast überall erhältlich sind.

EIN BISSCHEN EXTRA

Korruption ist ein fester Bestandteil des kenianischen Alltags. Politische

Korruptionsskandale bestimmen immer wieder die Schlagzeilen. So flog 2010 der „Maisskandal" auf, in dem der Landwirtschaftsminister für Notleidende bestimmte Maisrationen mit Millionengewinn verkauft haben soll. Nicht einmal vor den Toten machen korrupte Politiker halt: Der Kauf des dringend benötigten neuen Friedhofs wurde auf Eis gelegt, weil einige Beamte und Minister mitverdienen wollten. Verhandelt werden solche Fälle vor Gericht nie, schließlich gilt auch die Justiz selbst als hochgradig korrupt. Selbst Mitglieder der Antikorruptionsbehörde haben immer wieder mit Korruptionsvorwürfen zu kämpfen – kein Wunder also, dass Kenia Platz 144 von 180 auf dem „Corruption Perception Index 2018" von Transparency International belegt. Den Alltag erschwert Kenianern die verbreitete Kleinkorruption. Polizisten, Beamte, Lehrer: Alle wollen *tea* oder *soda,* ein bisschen Extra, um ihre Arbeit zu erledigen. Selbst wenn man dich offen danach fragt:

INSIDER-TIPP
Unwissenheit schützt vor Schmiergeld

Als Tourist solltest du niemals ein Bestechungsgeld zahlen, erst recht nicht selbst anbieten. Im Zweifel lieber dumm stellen!

MATATU NEVER FULL!

Das ist die inoffizielle Devise der Matatus, dieser oft exzentrisch dekorierten Kleinbusse, die auch noch die entlegensten Winkel des Landes erschließen. Meistens hört man die Matatus lange, bevor man sie sieht: Aus der geöffneten Tür hängt der *tout*

Bitte einsteigen: Matatus warten in Mombasa auf Passagiere

genannte Kassierer, der durch permanentes Rufen Fahrgäste in sein Matatu locken will. In den Städten dröhnt aus den Lautsprechern oft einheimischer Pop, Reggae oder US-Hip-Hop, auf dem Land kann man auch mal über mehrere Stunden mit Gospel beschallt werden. Matatus sind in der Regel ziemlich klapprig und oft nicht besonders sicher. Dazu kommt, dass die Fahrer rücksichtslos rasen und sich auch an den unmöglichsten Stellen durchdrängeln – je schneller sie die Route zurücklegen, desto mehr Geld verdienen sie nämlich. An den fast täglich vorkommenden tödlichen Unfällen ist deshalb meist ein Matatu beteiligt.

#NUNAIROBI

Hypnotisches Getrommel und rhythmisches Zupfen – das verbindet man gemeinhin mit afrikanischer Musik. Doch Kenias Musikszene hat so viel mehr zu bieten: von den poppigen, massentauglichen Songs der weltweit gehypten Band Sauti Sol über die sonnigen Swahili-Vibes von Küstenkünstlern wie Idd Aziz bis hin zum feministisch inspirierten Dub von Muthoni the Drummer Queen. Nairobi ist die Heimat vieler toller Livemusiker und Singer-Songwriter, darunter der Gitarrist Tetu Shani und die stimmgewaltige Karun. In den vielen kleinen Studios floriert zudem eine innovative Elektroszene. #NuNairobi ist das Schlagwort für den musikalischen und künstlerischen Underground, zu dem Produzenten und Multiinstrumentalisten wie Blinky Bill oder das Kollektiv EA Wave genauso gehören wie Punk-

KLISCHEE KISTE

DER FALSCHE MASSAI

Das legendäre Volk der Viehhirten und Krieger fasziniert dich? Da bist du nicht allein! Europäische Dichter wie Reiseveranstalter nutzen die schlanken Gestalten in ihren farbprächtigen Shuka-Gewändern gerne als typisch ostafrikanische Kulisse. Das wissen auch die Kenianer, und so werfen sich findige Straßen- und Strandverkäufer jeglicher Herkunft gerne eine Shuka über, bevor sie dich anquatschen: „Jambo! Hakuna matata!"

DIE HUNGERNDEN AFRIKANER

Kinder mit Blähbäuchen und Fliegen in den Augen, dieses Bild ist uns jahrzehntelang von Hilfsorganisationen verkauft worden. Tatsächlich leben längst nicht alle Afrikaner in solchen Verhältnissen. Vor allem in den Städten und in den Touristenorten wirst du eher von Bier als vom Hunger geblähte Bäuche sehen. Die Kenianer lieben ihr Essen, und auch wenn Übergewicht noch nicht so weit verbreitet ist wie bei uns in Europa, ist es doch stramm auf dem Vormarsch. Eine augenzwinkernde kenianische Bauernweisheit: Wenn ein Jahr nach der Hochzeit der Bauch noch nicht dick ist, machen sowohl die Frau als auch der Mann irgendetwas falsch.

Einer der illustren Big Five: der Leopard, ein begehrtes Fotomotiv

bands wie Crystal Axis, die in ihren Texten das Trauma des Kolonialismus behandeln. Und wer doch lieber mit den Hüften wackeln oder mit dem Kopf nicken will, ist gut bedient mit den Beats von Kagwe Mungai oder den Raps von Nyashinski.

DIE GÖTTER MÜSSEN VERRÜCKT SEIN

Wer sich in Kenia als Atheist zu erkennen gibt, sollte mit verständnislosen Blicken rechnen – das in Europa gängige Prinzip des Unglaubens ist hier kaum jemandem geheuer. Gut zehn Prozent der Kenianer sind Muslime, die meisten von ihnen leben an der Küste oder im Norden des Landes. Achtzig Prozent haben sich in der letzten großen Volkszählung von 2009 als Christen bezeichnet, wobei evangelikale Kirchen (sogen. Pfingstkirchen) die am stärksten wachsende Anhängerzahl haben. Nur ca. zwanzig Prozent der Kenianer sind Katholiken. Die Mehrheit der indischstämmigen Minderheit sind Hindus, und ca. 15 Prozent der Kenianer geben an, Naturreligionen zu folgen – viele von ihnen sind zugleich Mitglied einer christlichen Kirche (deswegen ergibt sich durch Doppelnennungen eine Gesamtsumme von über 100 Prozent). Für die Christen ist der Sonntag für den mehrstündigen Gottesdienst reserviert, der gerade für die armen Bevölkerungsschichten auch das größte soziale Event der Woche ist.

MORE WOMEN – MORE CRY?

Die Vielehe – in einigen ethnischen Gruppen Tradition – ist ein heikles Thema. Aufsehen erregte ein Gesetz, das das Parlament 2014 verabschiedete: Mit den Stimmen der männlichen Mehrheit wurde es Männern ausdrücklich erlaubt, eine beliebige Anzahl an Frauen zu heiraten. Vor allem aber wurde festgelegt, dass Frauen künftig keinen Widerspruch mehr gegen weitere Ehen ihres Mannes einlegen können. Für viele moderne Kenianerinnen ein Affront. Die weiblichen Abgeordneten verließen das Parlament vor der Verabschiedung des Gesetzes unter wütendem Protest.

SAFARI NJEMA!

Auf Kiswahili bedeutet Safari schlicht „Reise" – wunder dich deshalb nicht, wenn dir beim Auschecken aus einem Hotel *Safari njema,* „gute Reise", gewünscht wird. Doch gerade in Kenia bedeutet Safari natürlich viel mehr: Für viele Urlauber ist sie schlicht die Erfüllung eines Traums. Nächte unter dem Sternenhimmel, wilde Tiere, unbekannte Geräusche und exotische Gerüche mitten in der Wildnis, deren Vielfalt man auf der Game Drive genannten Pirschfahrten entdecken kann. Wer nach Kenia kommt, sollte mindestens eine Safari unternehmen. Wer die Tierwelt in ihrer ganzen Pracht beobachten will, muss früh aufstehen: Noch vor Sonnenaufgang geht's im Geländewagen los. Ein Schimmern von Sonnenstrahlen am Horizont reicht, und die nächtliche Stille ist plötzlich vorbei. Vögel zwitschern, Affen rufen, und die Savanne erwacht zum Leben. Löwen gähnen dem neuen Tag entgegen, Antilopen und Giraffen beginnen ihre täglichen Wanderungen, und Leoparden kehren von der nächtlichen Jagd in den Schutz eines Baums zurück. Wenn nach ein paar Stunden die Sonne hoch am Himmel steht und die Tiere im Dickicht Schutz vor der Hitze suchen, geht es zum Frühstück und zu einer Siesta zurück ins Camp. Der nächste Game Drive lohnt erst wieder am Nachmittag, wenn es kühler wird. Hobbyfotografen können sich freuen, denn während das äquatoriale Tageslicht die Bilder flach und kontrastarm macht, verschaffen Morgen- und Abendlicht den Landschaften und der Tierwelt eine wunderschöne Stimmung.

PLASTIK? NEIN, DANKE!

Traditionell legt man in Kenia nicht sehr viel Wert auf Umweltschutz. Das Müllbeseitungssystem ist mangelhaft, und kaum jemand recycelt. Die kenianische Umweltbehörde versuchte das Müllproblem anzugehen: Seit 2017 sind Plastiktüten verboten. Wer sie benutzt, herstellt oder importiert, muss mit Geldstrafen bis 32 000 Euro oder einer Gefängnisstrafe von bis zu vier Jahren rechnen. Bisher scheiterte die Regierung aber an der Einführung eines Pfandsystems für Plastikflaschen, das große Konzerne jetzt in Eigenregie umsetzen wollen. Ein Problem in den Städten ist die Luftverschmutzung. Zwischen stinkenden Abwasserrinnen, wilden Müllkippen und den knatternden Auspuffen der Kleinbusse lässt es sich manchmal nur schwer atmen. Zum Glück ist Nairobi sehr grün, und die Bäume filtern einen Teil der Abgase. Was die Energiegewinnung angeht, ist Kenia bereits überdurchschnittlich grün: Der überwiegende Teil des Stroms im Land wird durch die Erdwärme des vulkanischen Rift Valleys oder durch Wasserkraftwerke gewonnen.

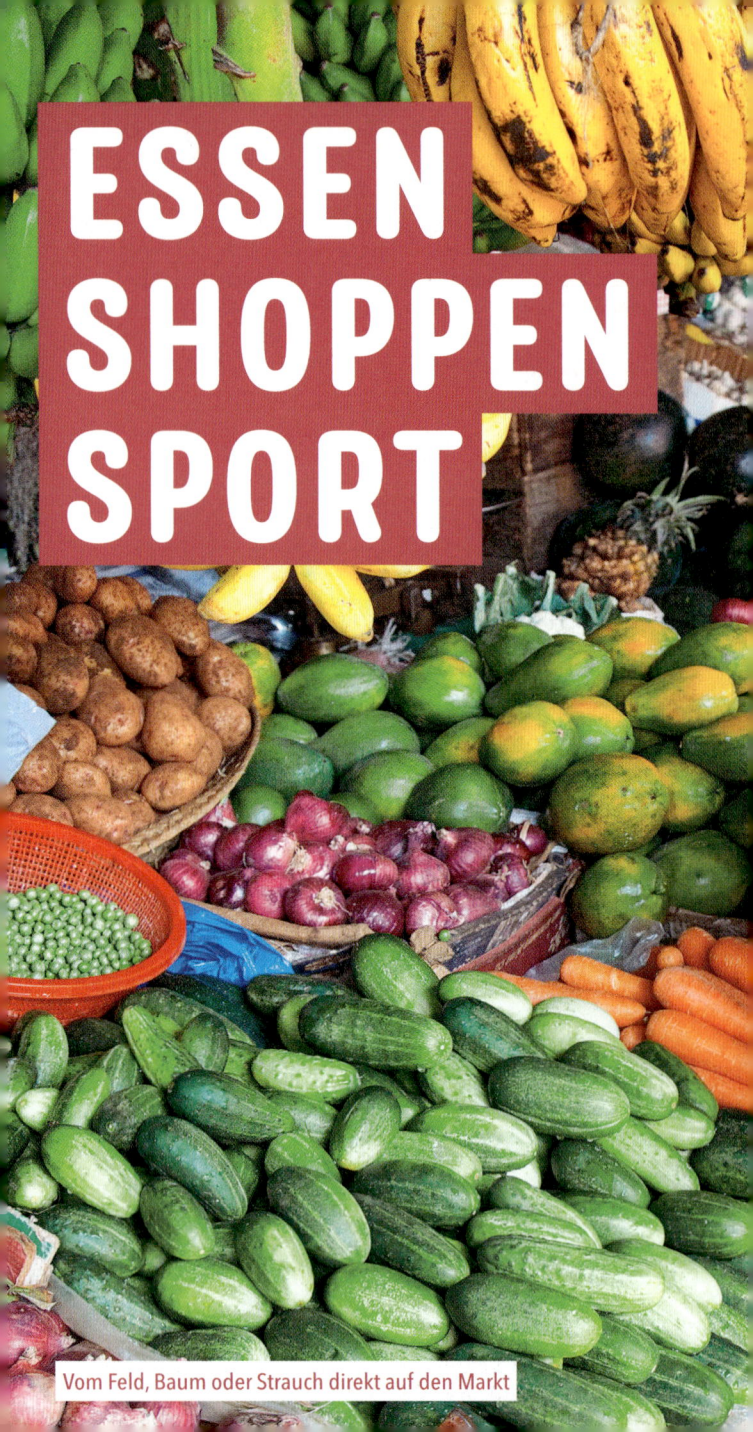

ESSEN
SHOPPEN
SPORT

Vom Feld, Baum oder Strauch direkt auf den Markt

ESSEN & TRINKEN

Die kenianische Esskultur in einem Satz: Vor allem viel darf es sein! Mahlzeiten sind ein soziales Happening. Ob in der Mittagspause mit Kollegen oder bei großen Familienfeiern, für die Schafe, Ziegen oder Rinder geschlachtet werden – Kenianer lieben das gemeinsame Essen.

FLEISCHESLUST

Im Binnenland liebt man vor allem Fleisch in unterschiedlichen Variationen und mit stärkehaltigen Beilagen. Das Nationalgericht heißt schlicht *Nyama choma:* geröstetes Fleisch. Auch Eintöpfe mit Linsen, Bohnen oder Kartoffeln sind beliebt, am besten mit viel „soup". Wer mutig ist, probiert Innereien: fast überall gibt es Leber und *Matumbo* (Gedärme), die nur frisch geschlachtet und gut gereinigt zu empfehlen sind. Fleisch ist von erstklassiger Qualität, das Steak solltest du aus hygienischen Gründen dennoch eher *well done* als *medium* bestellen. Als Beilagen werden der Maisbrei *Ugali,* Reis, pfannkuchenartige *Chapatis,* Kartoffeln, Süßkartoffeln, Pfeilwurz oder vor allem im Westen des Landes *Matoke* (Kochbananen) gereicht. Ein landesweit beliebtes Gemüse ist *Sukumawiki,* ein leicht säuerliches, mangoldähnliches Gericht. Das beliebteste Gewürz ist *Dania* (Koriander).

FRISCH GEFISCHT

An der Küste stehen Fisch und Meeresfrüchte auf dem Speiseplan, dazu Reis, der in Kokosmilch gekocht wird. *Pilau,* ein Reiseintopf mit Zimt, Kardamom und Fleisch, ist dort ebenfalls beliebt. Hummer ist eine Spezialität auf Lamu, wobei es sich eigentlich um eine Langustenart handelt, die dem Hummer aber sehr ähnelt. Zu den beliebtesten Fischen gehören der Rote Schnapper *(red snapper)* aus dem Indischen Ozean und Tilapia aus dem Viktoriasee.

Afrikanisches Büfett im Diani Reef Hotel (li.); ebenfalls typisch: Samosas (re.)

INDISCHE VEGGIEFREUDEN

Vegetarier halten sich an die indischen Restaurants, von denen es dank der prominenten Minderheit im Land sehr viele gibt. Auf den Karten stehen vegetarische *Massalas* (Currys) ebenso wie *Paneer* (ein vielfältig zubereiteter, gekochter Käse) und *Dal* (Linseneintopf). Dazu werden Reis oder die *Nan* oder *Roti* genannten Fladenbrote serviert. Natürlich ist die indische Küche nicht auf Gemüsegerichte beschränkt: Hühnchen, Fisch und Fleisch gibt es ebenso.

SAFTIG FRUCHTIG!

Während Salat quasi unbekannt ist und aufgrund oft zweifelhafter Hygienebedingungen ohnehin besser gemieden werden sollte, ist das Angebot an frischem Obst schier endlos. Mit der Ware, die auf dem Weg im Schiff oder im Flugzeug nach Europa praktisch jedes Aroma verloren hat, sind Kenias Früchte nicht vergleichbar. Was hier verkauft wird, kommt frisch vom Baum und ist dort bis zur letzten Minute gereift: Passionsfrucht, deren Schale möglichst schwarz und zerknittert aussehen sollte und die dann ausgelöffelt wird; Mango in diversen Sorten (besonders wohlschmeckend: die etwas säuerliche Applemango); die kleinen, besonders süßen afrikanischen Bananen; die frische Papaya, die am besten mit einem Spritzer Zitronensaft genossen wird. Ananas sind aromatischer und nicht so zuckersüß wie die in Deutschland erhältlichen Exemplare, die meist aus Westafrika stammen. Einmalig für Afrika: In Kenia gibt es sogar einheimische Äpfel, weil die Temperaturen im Hochland tief genug sinken. Etwas anders genießen Kenianer die meist grün geernteten Orangen: Anstatt sie zu schälen, werden die Zitrusfrüchte in Achtel geteilt und ausgezuzelt. Eine besondere Süßigkeit ist das häufig am Straßenrand angebotene Zuckerrohr *(miwa)*, das vor Ort mit der Machete mundgerecht in kleine Stücke zerhackt angeboten wird. Darauf herumkauen, den süßen Saft aussaugen und anschließend ausspucken!

Generell gilt die Regel: „Koch es, schäl es oder vergiss es!" Rohkost oder in Touristenhotels erhältliche Salate bergen das größte Risiko, Bakterien zu übertragen, die den Magen verderben können.

START IN DEN TAG

Der Tag beginnt für die meisten Kenianer mit einem *Chai,* dem in Milch aufgekochten, starken Tee mit so viel Zucker wie möglich. Dazu gibt es *Mandazi* (eine Art Krapfen) oder *Chapati,* dünne Teigfladen. Wer es sich

Bei der Herstellung von Ugali helfen schon die Kleinen mit

leisten kann, frühstückt wie einst die britischen Kolonialherren: Ei, Speck, Würstchen und Baked Beans gehören zu den Standards, dazu gibt es Toast, der stilecht mit *Blue Band* (einer speziell für die Tropen erfundenen Margarine) bestrichen wird.

Kaffee hat sich in Kenia zu einem Lifestylegetränk entwickelt. In Nairobi gibt es zahllose Kaffeebars, in denen Latte macchiato noch zu den gewöhnlichsten Kreationen zählt. Anders auf dem Land und an der Küste: Wer auf seine tägliche Ration nicht verzichten kann, sollte sich für Notfälle ein Päckchen Instantkaffee (z. B. *Dormans*) einpacken.

GEGEN DEN DURST

Das beliebteste Getränk der Kenianer ist Bier. *Tusker* und *Tusker Malt* sind die favorisierten Marken, auch *Whitecap, Pilsner* und das billigere *Senator* sind überall zu haben – in britischer Tradition warm. Wer ein kaltes Bier möchte, sollte auf Swahili „baridi" hinzufügen. In Nairobi bekommt man das besonders leckere *Sierra* (blond, rotblond oder dunkel), nach deutschem Reinheitsgebot gebraut. Wein erfreut sich zunehmender Beliebtheit und kommt meist aus Südafrika. Kenianischer Weißwein aus Naivasha und die Mara-Weine (rote und weiße Verschnitte aus südafrikanischer Ernte) sind trinkbar, mehr aber nicht.

An der Küste bekommst du junge, grüne Kokosnüsse, die anders als die in Europa erhältlichen braunen viel köstliches Fruchtwasser enthalten. Nach dem Trinken schabt der Verkäufer das Fruchtfleisch geschickt heraus, das du dann bequem essen kannst.

Unsere Empfehlung heute

Fleischgerichte

NYAMA CHOMA
Geröstetes Fleisch von der Ziege
(mbuzi) oder vom Rind

KUKU
Frittiertes Hähnchen;
traditionell aufgezogen *(kienyeji)*

MATUMBO
Gebratene Innereien

Fisch & Meeresfrüchte

LAMU LOBSTER
Hummerähnliche Langustenart

SWAHILI FISH
Meeresfisch, gebraten und mit einer
Marinade aus Kokosmilch, Ingwer und
Zitronensaft gewürzt

SHRIMPS WITH COCONUT RICE
Gebratene Garnelen mit in Kokosmilch
gekochtem Reis

FRIED FISH
Ganzer gebratener Fisch, meist Tilapia

Vegetarisch

UGALI
Traditioneller Maisbrei

SUKUMAWIKI
Grünes Blattgemüse, serviert mit
Tomaten und Chili

PILIPILI CHIPS
Matschige, scharf gewürzte Pommes
frites

NDENGU
Eintopf aus Mungobohnen
(wird auch mit Fleisch angeboten)

Beilagen & Snacks

CHAPATI
Pfannkuchenartiges Rundbrot

KACHUMBARI
Scharf gewürzter Tomatensalat

GITHERI
Einfaches Gericht aus Bohnen und
Mais

SAMOSAS
Frittierte Teigtaschen, gefüllt mit
Fleisch oder Gemüse

SHOPPEN & STÖBERN

Die kenianische Kultur, Mode und Musik beeindruckt so ziemlich jeden, der mit ihr in Kontakt kommt – kein Wunder also, dass sich Reisende hier gern mit Souvenirs eindecken. Wie du dir etwas ostafrikanisches Flair mit nach Hause nimmst, erfährst du hier.

WINDSCHIEF EINZIGARTIG
Schöner kann man leere Bier- und Weinflaschen wirklich nicht recyceln: Bei ☞ Kitengela (Mo–Sa 8–17, So 11–16 Uhr | Magadi Road | Kitengela | kitengelaglass.co.ke) gibt es Gläser, Krüge, Windspiele, Skulpturen, Mosaike und vieles mehr aus Glas, das aus eingeschmolzenen Glasabfällen frisch geblasen worden ist. „Buschglas" nennt die deutsch-kenianische Künstlerin Nani Croze diese Produkte: Alles ist absichtlich ein bisschen krumm und schief und kein Kunstwerk wie das andere. Du kannst die Künstlerin auf dem phantasievoll gestalteten Gelände am Stadtrand von Nairobi besuchen, ohne dass du unbedingt etwas kaufen musst. Verkauf auch in der Adams Arcade (Ngong Road) und bei Le Rustique (Spring Valley); alles wird auf Wunsch flugtauglich verpackt.

BUNT BEHANGEN
Bunt bedruckte und bestickte, qualitativ hochwertige T-Shirts gibt es bei Oneway (im Sarit Centre | Westlands |Nairobi; Village Market | Gigiri; Yaya-Centre | Gate 4 & 7/JKIA | Milimani) – auf Wunsch auch aus Öko-Baumwolle. Besonders beliebt: T-Shirts mit dem Logo von Kenias berühmtester Biermarke Tusker. Kanga-Tücher, versehen mit einem auf Swahili verfassten Spruch, sind vielseitig verwendbare Mitbringsel.
Hippe Modekreationen von jungen kenianischen Designern gibt's bei

Typisch kenianisch: farbenfrohe Stoffe (li.) und Holzschnitzereien (re.)

Made for Kenya (s. S. 83). Den passenden Schmuck designt die aus Deutschland ausgewanderte Marie-Rose Iberl *(Maro Designs | maro-designs.com),* die in ihren Ketten und Ohrringen aus Naturmaterialien geschickt Tradition und Moderne zusammenbringt.

SAUBER!

Wohlduftend, nachhaltig und sozial – Körperpflegeprodukte mit Zutaten „made in Kenya" sind ein phantastisches Mitbringsel. Immer mehr Frauen in den Slums lernen ihre Herstellung und emanzipieren sich so finanziell. Die Seifen, Öle und Balsame riechen köstlich nach Massala-Tee, Lavendel, Minze oder kenianischem Kaffee. Hübsch verpackt in bunten afrikanischen Printstoffen gibt es sie z.B. von *Washindi Naturals (u. a. bei Pink Skink, Junction Mall, Nairobi) | facebook: Washindi Naturals).*

KLANGSHOPPING

Musik aus Kenia hat in den letzten Jahren unheimlichen Aufwind bekommen. Lokale Popbands, Rapper, Bongo-Flava-Artists und Singer-Songwriterinnen verkaufen ihre CDs landesweit, sogar international. Auch, wer musikalisch nur noch digital unterwegs ist, findet hier Inspiration für seine Playlist. Die größte Auswahl gibt es in Nairobis Mediastores im *Junction (Ngong Road)* und in den Filialen von *The Book Centre* im *Village Market (Gigiri)* und im *Sarit Center (Westlands).*
Jimmy's Record Store (Kenyatta Market | Nairobi) ist eine Schatzkiste für Vinyl-Fans. Nimm dir ruhig Zeit, um hier afrikanische und internationale musikalische Schmuckstücke zu durchstöbern und mit Jimmy über Musik, Gott und die Welt zu plaudern.

INSIDER-TIPP
Vintage Vinyl

SPORT

Die kenianische Natur lässt sich nicht nur aus dem Safaribus heraus gut bewundern. Sie ist auch eine spektakuläre Kulisse für Outdoor-Aktivitäten.

BERGSTEIGEN

Der Mount Kenya, Afrikas zweithöchster Berg, gilt vielen erfahrenen Bergsteigern als größere Herausforderung als der weit bekanntere Kilimandscharo, der nur von Tansania aus bestiegen werden kann (s. S. 67). Während zwei der drei Gipfel des Mount Kenya, *Batian* und *Nelion,* nur von Profis zu bezwingen sind, ist der *Lenana*-Gipfel leichter zu erklimmen. Voraussetzung ist aber auch hier, dass das Wetter mitspielt: Während der Regenzeit zwischen Mitte März und Ende Juni sowie von Mitte Oktober bis Ende Dezember ist eine Besteigung ohnehin nicht möglich. Informationen rund um den Berg gibt der *Mountain Club of Kenya* am Wilson Airport in Nairobi *(mck.or.ke).* Der Club veranstaltet regelmäßig Touren für seine Mitglieder und engagiert sich zunehmend auch fürs Mountainbiking. Geführte Wanderungen für Anfänger bzw. Nicht-Bergsteiger ebenso wie Aufstiege mit einheimischen Führern (die sind vorgeschrieben!) können u.a. in der *Naro Moru River Lodge* (s. S. 108) gebucht werden. Bei Spaziergängen, vor allem aber beim Bergsteigen, solltest du unbedingt die Höhe berücksichtigen und ausreichend Zeit zum Akklimatisieren einplanen.

BIKEN

Kenianer haben mit der Einführung billiger chinesischer Fahrräder das Radfahren für sich entdeckt, und auch immer mehr Touristen radeln jetzt durchs Land, wenn auch mit angepassteren, komfortableren Ge-

Trekking in rauer Landschaft am Mount Kenya

fährten. Mountainbiking lässt sich z.B. im *Hell's Gate National Park* oder am Rand der Masai Mara organisieren. Ein Spezialveranstalter für solche Radtouren ist *Bike Treks (Tel. 020 4 44 63 71 | angelfire.com/sk/ biketreks).* Besonders interessante und ausgefallene Touren rund um Nairobi, aber auch in weniger touristisch erschlossene Gebiete des Landes bietet *Baiskeli Adventures (Tel. 07 17 68 16 49 | baiskeliadventures. com)* an. Von Nairobi aus gibt es großartige Eintagestouren, u.a. durch die Teeplantagen von *Limuru* (inklusive Führung und Lunch in der Käsefabrik von Brown's Cheesery) oder eine Fahrradsafari durch Swara Plains mit Wildtiersichtungsgarantie! Fahrradverleihe gibt es auch in allen größeren Küstenorten. Fahrradsafaris und mehrstündige Touren die Küste ent-

SIDER-TIPP
Abseits der Radwege

lang organisiert u.a. *Bike the Coast (Tel. 07 21 48 52 47 | bikethecoast. com)* auf der Gokartbahn in Mtwapa.

GOLF

In Kenia findest du viele landschaftlich wunderschöne Golfplätze – ob mit dem Charme der Kolonialzeit oder modern angelegt. Die Greenfee liegt je nach Platz zwischen 20 und 100 Euro. Der *Windsor Golf & Country Club (Tel. 07 22 20 33 61 | windsorgolfresort. com)* nahe Nairobi hat sich auf Golfreisende spezialisiert, ebenso die *Great Rift Valley Lodge (Tel. 07 22 20 58 94 | heritage-eastafrica. com)* nahe Naivasha. *Vipingo Ridge (nördlich von Bamburi Beach | Tel. 07 00 33 74 89 | vipingoridge.com),* ein nach USGA-Richtlinien angelegter 18-Loch-Platz an der Nordküste, begeistert mit endlosem Panoramablick auf den Indischen Ozean.

MARATHON

Für seine Marathonläufer ist Kenia berühmt. In Kenia selbst zu laufen kann zum unvergesslichen Erlebnis werden, z.B. beim *Nairobi Marathon (nairobi marathon.com),* beim Marathon durch die Masai Mara *(masaimaramarathon. co.ke)* oder beim *Lewa Marathon (safa ricommarathon.com)* (s.S.107). Diesen Strapazen sollte man sich aber nur gut trainiert aussetzen.

PARAGLIDING

Bei günstigen Winden ist dieser nicht allzu extreme Extremsport eine tolle Tagesbeschäftigung für Touristen in Zentralkenia. Beim Paragliding legt man gemeinsam mit einem erfahrenen Tandempiloten einen Fallschirm an und lässt sich mit Anlauf vom Wind emportragen, um dann anmutig durch die Luft zu segeln und die einmalige Rundumsicht zu genießen. In den gebirgigen Regionen rund um Mount Kenya nordöstlich von Nairobi kannst du das Gleitschirmfliegen gut ausprobieren, besonders im Kerio Valley. Ein 20–30-minütiger Flug kostet etwa 80 Euro, zu buchen z.B. über das *Kerio View Hotel (Tel. 0722 78 19 16 | kerio view.com).* Nicht ausgeschlossen, dass du es sofort wiederholen willst.

SURFEN & SEGELN

Alle besseren Strandhotels vermieten für ca. 10 Euro/Std. Surfbretter und vermitteln auch Surflehrer. In der *Che Shale Bay (cheshale.com)* nördlich von Malindi kannst du das rasante Kitesurfing mit dem Lenkdrachen lernen. In Diani bietet *H_2O Extreme (h2o-extreme.com)* Kite- und Windsurfingkurse an. Je nach Windgeschwindigkeit kann das Brett dabei auch schon mal abheben.

TAUCHEN & SCHNORCHELN

Die Unterwasserwelt Kenias lässt sich mit der Vielfalt der Flora und

Kitesurfen lernst du in Malindi oder am Diani Beach

Fauna der Nationalparks vergleichen: Fische leuchten in knalligen Farben, Sonnenstrahlen brechen sich an den vor Leben wimmelnden Riffen. Die besten Tauchgründe findet man in den Meeresnationalparks: in *Malindi-Watumu, Mombasa* und allen voran im ⭐ *Kisite-Mpunguti Marine National Park* an der Südküste. Drei Meeresreservate – *Diani-Chale, Mombasa Marine National Reserve* und *Kiunga* – sind ebenfalls sehenswert. Attraktive Riffe südlich von *Wasini Island* können mit einem Boot von Shimoni aus erkundet werden. Zumeist verleihen die Bootsbesitzer auch Masken und Schnorchel, Verhandlungsbasis fürs Komplettpaket: ca. 100 Euro. Der Eintritt für die Meeresnationalparks kostet 20 US $. Tauchfahrten organisiert u. a. *Wasini Dhow (Tel. 0712 91 85 89 | wasinidhow.com).* Die beste Zeit zum Tauchen ist Oktober bis März; von Juni bis August ist das Wasser dagegen aufgewühlt, sodass man kaum etwas sieht.

Nicht nur du machst große Augen beim Tauchen

eine Besteigung des ruhenden Vulkans *Mount Longonot* (s. S. 97).

WANDERN & TREKKING

Gut wandern kann man rund um den Mount Kenya und in Teilen der Aberdares. Wenig besucht und wunderschön ist der Mount Elgon. Safaris zu Fuß organisieren u. a. *Karisia (Tel. 0721 83 67 92 | karisia.com),* die *Kenya Museum Society (National Museum of Kenya | Nairobi | Tel. 0724 25 52 99 | kenyamuseumsoci ety.org)* und *Game Trackers* (s. S. 133). Ein guter Tagestrip, den du auch auf eigene Faust von Nairobi oder Naivasha aus organisieren kannst, ist

YOGA

Auch, wenn man Yoga nicht unbedingt sofort mit Afrika in Verbindung bringt: Die geduldige, positive Grundphilosophie der Yogi-Lebensweise passt hervorragend zur kenianischen Kultur. Viele Kenianer praktizieren heute regelmäßig, und Lehrer aus der ganzen Welt kommen zum Unterrichten an die Yoga-Hotspots in Nairobi und an der Küste. Beim *Lamu Yoga Festival* treffen sich jeden März Hunderte, um auf der Insel im Indischen Ozean gemeinsam zu schwitzen. Und in Nairobi werden täglich die verschiedensten Disziplinen angeboten: von akrobatischen Aerial Yoga über Bikram (Hot Yoga) bis zu klassischeren Übungen (s. S. 84).

DIE REGIONEN IM ÜBERBLICK

Lake Chew Bahir

SOUTH SUDAN

Kidepo

Lake Turkana

Kakuma

Genau so hast du dir Afrika immer erträumt

Lake Kwania

Lake Bisina

Turkwel

Kerio

Kitale

DER SÜDWESTEN S. 90

Lake Bogaria

Meru

Victoria Nile

UGANDA

Lake Kyoga

Kisumu

Nakuru

Lake Victoria

Homa Bay

Lake Naivasha

Thika

Narok

NAIROBI

NAIROBI S. 74

Machakos

Mara

Lake Natron

TANZANIA

Speke Gulf

Die grüne Stadt unter der Sonne

Lake Eyasi

Lake Manyara

Pangam

Schneebedeckte Gipfel besteigen und Wüstenschiffe reiten

ETHIOPIA

Mandera

G. Wenz

SOMALIA

Marsabit

HIGHLANDS & DER NORDEN S. 102

Laga Bor

Ewaso Ngiro

Webi Jubba

Tana

Garissa

Wo die roten Elefantenherden ziehen

Kitui

DER SÜDOSTEN S. 62

Ungwana Bay

Frische Kokosnüsse schlürfen am weißen Sandstrand

Tana

Malindi

DIE KÜSTE S. 40

INDIAN OCEAN

Mombasa

100 km
62.14 mi

DIE KÜSTE

„Pole pole!" – das bedeutet „immer mit der Ruhe" und ist neben dem nur für Touristen reservierten „hakuna matata" („keine Sorgen") wohl das Lebensmotto an der Küste. Also nimm dir Zeit an den Traumständen mit ihren Korallenriffen, an denen auch Anfänger mit dem Schnorchel eine bunte Tierwelt erforschen können. Im Hinterland, wo früher dichter Regenwald stand, wachsen knorrige Affenbrotbäume, Ananas, Kokospalmen und Sisal. Durch die Äste schwingen sich Colobusaffen.

Welcome to Diani Beach

Hochsaison sind die Monate Dezember und Januar sowie Juli und August. In der Regenzeit, vor allem im April/Mai, haben viele Hotels geschlossen. Auf der Speisekarte stehen Fisch und Meeresfrüchte, die erst Stunden zuvor aus dem Meer gezogen wurden. Wem das Faulenzen am Strand nicht reicht, geht Surfen, spielt Tennis oder mietet sich einen Jetski. An diesem 400 km langen Traumstand vom Lamu-Archipel im Norden bis zur tansanischen Grenze im Süden kann sich über fehlende Abwechslung niemand beklagen.

DIE KÜSTE

Lamu ★
S. 58

13 Manda Island

Dhow-Fahrten ★

○ Garsen

○ Mkonumbi

LAMU

Witu

○ Ngao

Tana

Tana River Delta **12**

Ungwana Bay

B8

○ Kampi ya Kerenzeni

137 km, 25 Min.

○ Marafa

○ Mambrui

Malindi
S. 55

Kipepeo
Butterfly
Farm

7 Malindi Marine National Park

rabuko
okoke
rest **1**

9

8 **Gedi National Monument** ★

7

10 Watamu

Watamu
Marine
National Park

27 km, 45 Min.

6 **Kilifi** ★

Bofa
Beach

Kilifi Creek

N o r d k ü s t e
S. 52

83 km, 2 – 2½ Std.

I N D I A N

O C E A N

MARCO POLO HIGHLIGHTS

★ **TAMARIND**
Die frischesten Meeresfrüchte im ganzen Land, Panoramablick über den alten Hafen inklusive ➤ S. 47

★ **DIANI BEACH**
Kenias Traumstrand, ideal für Schnorchler, Sonnenanbeter und Familien ➤ S. 51

★ **KILIFI**
Fernab von Touristenhochburgen entspannen ➤ S. 53

★ **GEDI NATIONAL MONUMENT**
Geheimnisvolle Ruinen aus dem 13. Jh. ➤ S. 56

★ **LAMU**
Vergessenes Inselparadies: Hier scheint die Zeit stehen geblieben zu sein ➤ S. 58

★ **DHOW-FAHRTEN VOR LAMU**
Traumschiff auf Kenianisch: eine Fahrt im traditionellen Segelboot der Swahili vor Lamu ➤ S. 60

Mombasas Wahrzeichen: Die Elefantenstoßzähne überspannen die Moi Avenue

MOMBASA

(📖 M13) **Bei Kenias zweitgrößter Stadt (1 Mio. Ew.) lohnt es sich, zweimal hinzusehen. An die Schwüle, die Urlauber am Moi International Airport im Westen der Stadt empfängt, gewöhnt man sich ebenso schnell wie an die Menschenmassen, die sich durch die Straßen schieben, und den mancherorts in der Luft hängenden Müllgeruch.**

Die hupenden Autos, die aus krächzenden Lautsprechern rufenden Muezzine, die schreienden Straßenhändler und das Klappern der Kleinbusse wandeln sich schnell vom Lärm zum Soundtrack einer lebendigen Hafenstadt. Die meisten Urlauber machen in Mombasa Station auf dem Weg von der Küste zu den Nationalparks im Binnenland. Seit 2017 befindet sich im Nordwesten, noch hinter dem Flughafen, die Endstation des neuen Madaraka-Expresszugs. Statt wie bisher in manchmal 14, manchmal 24 Stunden, kommt man nun in soliden sechs Stunden auf

WOHIN ZUERST?

Fort Jesus: Starte deinen Mombasa-Besuch am Fort Jesus, der imposanten Festungsanlage. Von den Zinnen hast du einen guten Blick auf das Meer und die engen Gassen der Altstadt, man kann sich gut orientieren. Solltest du mit dem Mietwagen unterwegs sein, lass ihn am Hotel stehen und fahr mit dem Taxi hierher: Die engen Gassen rund ums Fort sind für Ortsunkundige kaum passierbar, Parkplätze gibt es nicht.

Schienen von Nairobi nach Mombasa – chinesischer Technik sei Dank.

Die Stadt ist von Wasser umgeben: Die kleine Koralleninsel ist mit Fähren zum Süden und mit einer Hochbrücke zum Norden hin angeschlossen. Vereinzelt ist es hier zu Anschlägen auf Touristen gekommen. Ab und an gibt es Konflikte zwischen Polizei und muslimischen Jugendlichen, im Rahmen des durch die Regierung in Nairobi nicht zimperlich geführten Antiterrorkampfs.

SIGHTSEEING

FORT JESUS

Die von Portugiesen 1593–96 erbaute Festung ist das Herz von Mombasas Altstadt. Die mächtigen, weißen Mauern leuchten an den meisten Tagen prächtig in der Äquatorsonne. Von den Festungsanlagen, wo Kanonen vor sich hin rosten, hat man einen phantastischen Blick auf das Meer und die wuselige Altstadt. Im Innenhof gibt es zudem ein kleines Museum. Die drängelnden, selbst ernannten Guides vor dem Haupteingang kannst du höflich, aber getrost ignorieren. *Tgl. 8–18 Uhr | Eintritt ca. 11 Euro |* 🕐 *1 ½ Std.*

ALTSTADT

Das Zentrum Mombasas ist sehr gut zu Fuß zu erkunden. Die alte Hafenstadt hat einen eigenen geschäftigen Charme, der sich manchmal erst auf den zweiten Blick erschließt: Dem alten Yachtclub, der nur seinen Mitgliedern offensteht, folgen zahlreiche Kaffeehäuser und kleine Läden, überall wuseln Menschen. Wie schon vor

mehr als einem Jahrhundert ist Mombasa auch heute noch das Tor zum „dunklen Kontinent". Anstelle von Entdeckern und Missionaren, Handelskarawanen und Abenteurern, die hier mit dem Schiff anlandeten und sich auf die Reise ins Landesinnere machten, bestimmen heute Container und Stückgut das Bild. Mombasas Tiefseehafen ist der bedeutendste an Ostafrikas Küste; von hier werden Waren mit der Eisenbahn oder dem LKW ins Landesinnere transportiert. Der Hafenbetrieb lässt sich am besten vom Nordufer (hinter der Brücke) aus beobachten, besucht werden kann er nicht.

ELEFANTENSTOSSZÄHNE (TUSKS)

Keine Angst: Die vier monströsen Elefantenstoßzähne, die mitten in der Innenstadt die Moi Avenue überspannen, sind nur aus Blech. Im Schatten von Mombasas Wahrzeichen beginnen alle größeren Ereignisse der Stadt, etwa die umjubelte *East African Safari Classic Rally*. In mindestens 30 Jahre alten Autos brettern die Fahrer jedes Jahr im November von hier aus zehn Tage lang 5000 km durch die Wildnis Kenias und Tansanias. Errichtet wurden die Zähne übrigens 1952, als die britische Thronfolgerin Elizabeth II. die Hafenstadt besuchte.

JAIN-TEMPEL 🐘

So prächtig ist in Kenia kein zweiter Hindutempel: weißer Marmor gemischt mit zarten Pastelltönen, überall kleine Kuppeln und Pagoden. Mit ihrem 1963 geweihten Tempel machen die Jainisten ihrem Ruf, besonders

Hingucker aus strahlend weißem Marmor: der hinduistische Jain-Tempel

wohlhabend zu sein, alle Ehre. Achtung: Besucher müssen ihre Schuhe und alles, was aus Leder ist, am Eingang zurücklassen! *Besuch 10–12.30 Uhr | Langoni Road/Salim Road*

BIASHARA STREET
Der Name ist Programm: Die „Straße der Geschäfte" ist eine verwinkelte Altstadtgasse in Mombasa, in der du vor allem Schneidereien findest. Die kleinen Läden sind vollgestopft mit Tüchern aller Farben und Qualitäten, deshalb stehen die Nähmaschinen meist vor der Tür. Lass dich vom ersten klapprigen Eindruck nicht täuschen: Innerhalb eines Tages kann dir jeder Schneider günstig maßgefertigte Kleider, Hosen oder Hemden mit ausgefallenen afrikanischen Prints nähen.

INSIDER-TIPP
Souvenir nach Maß

Über den Preis solltest du vorab unbedingt verhandeln!

ESSEN & TRINKEN

BLUE ROOM
Diese Fast-Food-Institution eröffnete schon im Jahr 1952, zehn Jahre später kam ein eigener Eisladen dazu. Bekannt ist das Selbstbedienungsrestaurant vor allem für seine *bhajias,* frittierte und mit Kräutern gewürzte Kartoffelscheiben, und seine klassischen Desserts und Eisbecher. *Tgl. 7–22 Uhr | Haile Selassie Ave./Digo Road | Altstadt | Tel. 0721 78 68 68 | blueroom.co.ke | €*

NEW CHETNA
Hier gehen Mombasas Inder essen. Auf der Karte stehen vor allem *Dal* (Linsen) und andere vegetarische Spe-

zialitäten der südindischen Küche. Serviert wird äußerst scharf, außer man bestellt ausdrücklich „mild". *Tgl. | Haile Selassie Ave. | Altstadt | €€*

TAMARIND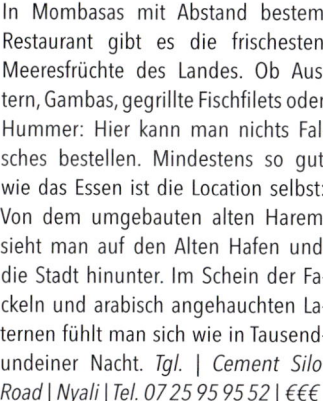

In Mombasas mit Abstand bestem Restaurant gibt es die frischesten Meeresfrüchte des Landes. Ob Austern, Gambas, gegrillte Fischfilets oder Hummer: Hier kann man nichts Falsches bestellen. Mindestens so gut wie das Essen ist die Location selbst: Von dem umgebauten alten Harem sieht man auf den Alten Hafen und die Stadt hinunter. Im Schein der Fackeln und arabisch angehauchten Laternen fühlt man sich wie in Tausendundeiner Nacht. *Tgl. | Cement Silo Road | Nyali | Tel. 07 25 95 95 52 | €€€*

CAFESSERIE

Modernes Caférestaurant in Mombasas größtem Shoppingzentrum mit gutem Essen zu anständigen Preisen. Großes Dessertangebot mit phantastischer Crème brûlée und frisch gebrühter Kaffee und Cappuccino. Ein Highlight sind auch die Lachsschnittchen *(salmon tartines)* mit Avocado. Tgl. ab 18 Uhr öffnet der Club *The Lounge* (selbes Management) direkt nebenan. *Tgl. | Nakumatt Nyali Complex | Mombasa–Malindi Road | Nyali | Tel. 02 02 02 37 69 | cafesserie.com | €€*

SHOPPEN

Einen Supermarkt und eine Auswahl westlicher Geschäfte findest du im *Nyali Shopping Centre*. Hier wird, anders als bei den Souvenirständen,

die es überall in der Altstadt gibt, nicht gehandelt. Zum Schauen und Fotografieren lohnt sich der farbenfrohe *Municipal Market (Abdel Nasser Road)*.

BOMBOLULU WORKSHOP

Die Werkstätten, in denen körperbehinderte Kenianer Schmuck, Kleidung und Souvenirs fertigen, können besucht werden. Im integrierten Kulturzentrum stehen auch traditionelle Hütten. Hier werden Tänze vorgeführt; auch kleines Restaurant. *Mo–Sa 8–18 Uhr | Eintritt 750 KSh | Off Nyali Road, 3 km nördlich der Nyali-Brücke | apdkbombolulu.org*

Marktzeit: Hülsenfrüchte in allen Farben des Regenbogens

HARRIA'S GIFT SHOP

Hier findest du eine breite Auswahl von Souvenirs in guter Qualität: Schnitzereien, Körbe aus Sisal oder Perlenschmuck zu oft günstigeren Preisen als auf der Straße. *Mo–Sa 9–18 Uhr | Moi Avenue, neben den Stoßzähnen*

SPORT & SPASS

DHOW-FAHRTEN

Die Dhows, traditionelle Handelsschiffe der Swahili, wurden früher zur Überquerung des Indischen Ozeans genutzt. Ein Boot mit dem charakteristischen Dreieckssegel steht Touristen offen: die *Tamarind Dhow* bietet auch etwas für Gourmets; hier wird Essen aus dem

Robinson Crusoe lässt grüßen auf Wasini Island bei Shimoni

gleichnamigen Restaurant serviert. Die Kombination mit einer Stadtführung ist möglich. Die Tour ist von den Strandhotels im Norden und Süden buchbar. *Tamarind Dhow: 93 US $ inkl. Dinner | Tel. 07 22 20 51 60 | tamarind.co.ke*

AUSGEHEN & FEIERN

Die Hotels an den Küsten nördlich und südlich von Mombasa bieten ihren Gästen meist eigene Unterhaltungsprogramme. Wenn du aber feiern willst wie die Kenianer, dann bist du in Mombasa richtig, wo das Bier fließt und die Hüften geschüttelt werden.

MOONSHINE BEACH BAR

Beim Twerken auf der Tanzfläche oder bei ein paar Cocktails auf dem gemütlichen Balkon mit Meeresblick – in dieser charmanten Beachbar lässt es sich fabelhaft ganze Nächte lang aushalten. Nördlich von Nyali gelegen zieht das Moonshine das hippe urbane Publikum aus ganz Mombasa an. *Tgl. ab 12.30 Uhr | Reef Hotel, Mt Kenya Road | Facebook: Moonshine Mombasa*

S FIVE 8

Cocktails und Fingerfood in gemütlicher, holzlastiger Einrichtung mit bester Aussicht über Nyali: Starte deinen Abend in dieser Rooftop-Bar zu jazziger Livemusik und bleib dann dort, während sie sich in einen Nachtclub mit Elektrobeats verwandelt. *Tgl. | Links Road, near Beach Road | Tel. 07 45 93 83 78*

SÜDKÜSTE

(⬛ M13–14) Bei Mombasa teilt sich Kenias Küste in die Abschnitte Süd- und Nordküste, die beide ihren jeweils eigenen Charme haben. Die Südküste (South Coast) hat dabei mit dem Hauptort Diani Beach den wohl schönsten Strand des Landes.

Das strahlende Weiß des Sandes sticht einem hier förmlich in den Augen. Kurz hinter der Fähre liegt Tiwi Beach, gefolgt von Diani Beach. Die Anreise vom Flughafen Mombasa kann eine beschwerliche Angelegenheit werden, weil der Mombasa Creek mit einer ältlichen Fähre überquert werden muss – hier staut sich oft der Verkehr. Wer von Nairobi kommt, sollte deshalb zum Flughafen Ukunda nahe Diani Beach fliegen, der von mehreren Fluglinien angeflogen wird.

ZIELE AN DER SÜDKÜSTE

1 KAYA KINONDO

Die in Diani lebende Digo-Bevölkerung bietet Urlaubern die Chance, einen Einblick in ihr traditionelles Leben zu bekommen: Bei einem Fußmarsch durch die Kaya, den heiligen Wald, erfährst du viel über Pflanzenheilkunde und uralte Bräuche. *Eintritt ca. 9 Euro | Diani Beach | Tel. 07 22 44 69 16 |* ⏱ *1 ½ Std. |* ⬛ *M14*

2 MSAMBWENI 🐾

Das kleine Fischerdorf liegt nicht weit von Diani Beach entfernt, blieb aber vom Massentourismus bislang verschont. Hier geht das Leben noch seinen ruhigen kenianischen Gang. Das hat auch Ex-ARD-Korrespondent Werner Zeppenfeld entdeckt und sich hier sein persönliches Paradies eingerichtet: Die mit Palmen gedeckten *Mbuyu Beach Bungalows (mbuyubeach.com),* die mit Solarenergie gespeist werden, stehen versteckt in einem bunten Tropengarten, nur wenige Schritte vom einsamen Strand entfernt. Von Oktober bis Ostern laden Hängematten und ein Pool nicht nur Übernachtungsgäste, sondern auch Tagesausflügler zum Ausspannen ein. Highlight ist für viele dabei das gemeinsame Dinner mit dem Gastgeber. ⬛ *M14*

3 WASINI ISLAND

Ganz im Süden von Kenias Küste (80 km von Mombasa entfernt) liegt Wasini Island, ein Paradies für Taucher. Vom Hafenort *Shimoni* und der Insel aus segeln erfahrene Meeresbiologen täglich mit der „Wasini Dhow" mit Urlaubern aufs Meer hinaus zum Delphine-Beobachten – ein perfekter Tagesausflug. Die Crew spricht auch Deutsch und kennt die Gewässer so gut, dass die Chancen groß sind, die Meeressäuger tatsächlich zu sehen. Auch die bis zu 10 t schweren und 18 m langen, dennoch harmlosen Walhaie kannst du mit Glück beobachten. Garantiert sind eine Schnorchelpause am Kisite Riff vor Wasini und ein Swahili Lunch an Bord der Dhow. Mitfahrer werden

INSIDER-TIPP

Delphine und ihre großen Cousins

morgens an ihren Hotels abgeholt. *Ab 135 Euro | Wasini Dhow | Tel. 07 12 91 85 89 | wasinidhow.com; oder Pilli Pipa Dhow Safaris | Tel. 07 24 44 25 55 | pillipipa.com |* ▭ *M14*

ESSEN & TRINKEN

ALI BARBOUR'S
Das Restaurant in einer ausgebauten Felsgrotte mit hervorragendem Essen und familiärer Atmosphäre ist eine feste Institution am Diani Beach. *Tgl. ab 18 Uhr | nahe Diani Sea Lodge | Tel. 07 14 45 61 31 | €€ |* ▭ *M14*

COLOBUS SHADE
Dieses urige Strandrestaurant schließt direkt an ein Reservat für Colobus-Affen an. Hier genießt du in Ruhe leckere Meeresfrüchte – und das zu günstigen Preisen! *Tgl. | Diani Beach | Tel. 07 24 63 48 39 | € |* ▭ *M14*

THE SANDS AT NOMAD
Das relaxte Restaurant liegt direkt am Strand unter einem schattenspendenden Makutidach. Bei geschmackvollem Ambiente lehnst du dich auf Kissen mit afrikanischen Prints zurück, während du die westlich ausgerichtete Speisekarte studierst. Hier gibt es keine Überraschung – vor allem vorzügliche Meeresfrüchte und gutes Sushi. Und später geht es nach nebenan für ein paar Cocktails in die ebenso entspannte Nomads Beach Bar. *Tgl. | Diani Beach | Tel. 07 09 53 88 88 | thesandsatnomad. com | €€ |* ▭ *M14*

SPORT & SPASS

TAUCHEN 👫
Tauchunterricht (auch speziell für Kinder) erteilt z. B. Thomas Sollacher in seinem *Diani Marine Scuba Diving Centre | Ukunda | Tel. 07 07 62 90 60 | dianimarine.com |* ▭ *M14*

Beim Kamelritt am Diani Beach ist das traumhafte Wasser keine Fata Morgana

STRÄNDE

DIANI BEACH ★ 🏴 👥

Diani Beach ist der wahr gewordene Urlaubstraum unter Palmen. Das türkisfarben schillernde Meer bleibt bis zu den vorgelagerten Korallenriffen flach. Das seichte Wasser ist warm und auch für kleine Kinder zum Planschen ideal geeignet. Weiter zum Riff hin tummeln sich Schnorchler und Surfer. Am Strand musst du leider mit Beachboys und in Massaigewänder gekleideten Nippesverkäufern rechnen, die sich jedoch meist mit einer freundlichen, aber bestimmten Antwort abwimmeln lassen. Und wenn die Sonne untergeht, ist der Tag am weiten, weißen Strand noch lange nicht vorbei: Strandbars und kleine Restaurants laden zum Sundowner und zu einem langen Abend ein. 📖 *M14*

TIWI BEACH 🌴

Der wunderschöne Tiwi Beach ist trotz seiner Nähe zu Mombasa einer der einsameren Strandabschnitte der Südküste. Kneipen oder Diskos sucht man hier vergeblich, und entlang des Strandes erstrecken sich nur wenige Hotelanlagen, z.B. der Ferienkomplex des *Tiwi Beach Resorts.* 📖 *M14*

AUSGEHEN & FEIERN

SHARKATTACK

Wenn die Sonne untergeht, finden sich die ersten Gäste in dieser Clublounge ein. Bei bunter Beleuchtung und wummernden afrikanischen Beats schunkeln hier Einheimische und Touristen zusammen über die Tanzfläche. Je später es wird, desto ausgelassener die Stimmung – nicht selten wird die Bar erst bei Sonnenaufgang geschlossen. *Tgl. | Diani Beach Road |* 📖 *M14*

RUND UM DIE SÜDKÜSTE

▣ SHIMBA HILLS NATIONAL RESERVE

45 km/1 ½ Std. von Diani Beach (per Auto)

Landeinwärts erstreckt sich einer von Kenias letzten Küstenregenwäldern: Die geschützte Hügelkette (bis zu 400 m hoch) beherbergt u. a. die seltene Säbelantilope. Außerdem sind Elefanten, Büffel und andere Antilopenarten zu sehen. Von der Schwüle der nahen Küste ist hier nichts zu merken. Von den Kuppen

Zeig her die Zähne! – Fütterungszeit im Haller Park (Baobab Adventure)

der Hügel eröffnet sich ein toller Blick zur Küste und auf die tansanischen Usambaraberge. Falls du in Kenia „nur" einen Küstenurlaub machst, sind die Shimba Hills deine Chance, trotzdem einen Eindruck vom Safari-Lifestyle zu bekommen. *Parkeintritt 25 US $ | Karten gibt es auch an der KWS-Verkaufsstelle im Ukunda-Einkaufszentrum (Diani Beach Road) | 🗺 M13–14*

NORDKÜSTE

(🗺 N12–13) **Nördlich von Mombasa verläuft der Nordküste (North Coast) genannte Küstenabschnitt, der von zahlreichen Buchten gegliedert wird und sich bis nach Kilifi zieht. Während Nyali von großen Hotel-anlagen geprägt ist, wird es nach Norden hin geradezu idyllisch.**

Nyali Beach ist der Mombasa nächstgelegene Strand. Es folgen *Bamburi Beach* und *Shanzu Beach,* den viele Urlauber für den schönsten der ganzen Nordküste halten: Hier wird der breite Sandstrand von einzelnen Felsen unterbrochen, Palmen spenden wohltuenden Schatten. Im Norden gehen die offenen Strände über in eine Landschaft von malerischen Buchten *(creeks).* Am größten Creek nahe Kilifi verbringen viele Kenianer in ihren Ferienhäusern den Urlaub.

ZIELE AN DER NORDKÜSTE

5 BAOBAB ADVENTURE
Einst Steinbruch für die Zementfabrik in Bamburi, hat sich das Gelände dank der Bemühungen des Schwei-

zer Agronomen René Haller in ein kleines Naturparadies zurückverwandelt. Die *Bamburi Forest Trails* laden zum Wandern und Radfahren (ja, tatsächlich!) durch eine abwechslungsreiche Landschaft ein. Die Hauptattraktion ist aber der *Haller Park,* in dem viele Wildtiere in schattigen Wäldern und auf grünen Wiesen unterwegs sind. *Tgl. 8–17 Uhr | Eintritt ca. 13 Euro | Nähe Severin Sea Lodge |* ⏱ *1 ½ Std. | ⧠ M–N13*

6 KILIFI ★

Der kleine Ort, 60 km nördlich von Mombasa am Kilifi Creek gelegen, ist ein guter Ausgangspunkt für Segeltouren und Surftrips und deutlich ruhiger als die Küste weiter südlich. Bootsfahrten und Vogelsafaris auf dem Creek organisiert der *Mnarani Club (Malindi Road | mnarani.net),* wo du auch übernachten kannst.

Der 🐾 *Bofa Beach* in Kilifi grenzt an Privatvillen und Ferienhäuser an, ist aber für jeden zugänglich. Wenn du mal deine Ruhe suchst, wird dieser Strand dich sehr glücklich machen. *IDER-TIPP Paradies für Eigenbrötler* Hier ist selbst zur Hochsaison nicht viel los, und du bist vor Beachboys und Strandverkäufern (fast) sicher. Dafür gibt es aber auch keine Bars oder Restaurants, Getränke und Picknick also besser selbst mitbringen! *⧠ N12*

ESSEN & TRINKEN

SKIPPERS DECK

Im ehemaligen „Il Covo" wird Italienisches, Japanisches und Gegrilltes auf einer Terrasse direkt Meer serviert. Am Abend werden die Tische zur Seite geräumt, dann wird getanzt. *Tgl. | Bamburi Beach | Tel. 07 40 63 40 62 | ilcovomombasa.business.site | €€ | ⧠ N13*

THE MOORINGS

Das schwimmende Restaurant ist schön gelegen im mangrovenbestandenen Mtwapa-Creek unweit der Nyali-Brücke. Die Spezialitäten sind Meeresfrüchte und Fisch. Wunderschöner Platz für ein romantisches Candlelightdinner. *Tgl. | Mombasa–Malindi Road | Tel. 07 23 03 25 36 | themoorings.co.ke | €€ | ⧠ M–N13*

NAUTILUS

Uriges Restaurant mit maritimer Deko, gelegen im beschaulichen Kilifi Creek. Am besten *INSIDER-TIPP Seltene Schönheit* zu 18 Uhr reservieren und um einen Tisch auf dem in den Creek ragenden Steg bitten – so kommt man in den Genuss eines wunderschönen Sonnenuntergangs, wie er am (nach Osten gelegenen) Indischen Ozean selten zu sehen ist. *Di–So 12–21 Uhr | Kilifi Creek – off Ganze Road | Tel. 07 13 76 27 48 | €€ | ⧠ N12*

SHOPPEN

SHANZU WORKSHOP

In der Werkstatt stellen junge Frauen mit Behinderung Souvenirs, Schmuck und farbenfrohe Textilien her. Besucher können die Arbeit beobachten und im Shop einmalige Souvenirs kaufen. *Mo–Sa 9–12.30 u. 14–18 Uhr | Nyali, nahe Mtwapa Road auf der Straße zum Serena-Hotel |* 🗺 *M–N13*

SPORT & SPASS

GOKARTBAHN 👥

Die Anlage unter tropischen Palmen steht unter schweizerischer Leitung. Hier reitest du einen Rodeo-Bullen oder fährst einer Virtual-Reality-Achterbahn. Rasant ist es auch mit dem Gokart oder Buggy (ab 10 J.). Zur Erholung lockt ein Drink an der Bar. *Tgl. 15.30–22 Uhr | Fahrten ab 14 Euro | nahe Severin Sea Lodge | mombasa-gokart.com |* 🗺 *M–N13*

INSIDER-TIPP
Für die Portion Adrenalin

WILDWATERS 👥

Alle kleinen und großen Wasserrutschenfans werden hier glücklich. Der Park mit mehreren Schwimmbecken, diversen Erlebnisrutschen und Spielgeräten sorgt für Abwechslung – hier kann der Bewegungsdrang ausgelebt und herrlich geplanscht werden. *Tgl. 10–18 Uhr | Eintritt mit Rutschen 13 Euro | Nyali | wildwaterskenya.com |* 🗺 *N13*

GOLF

Schöne 18-Loch-Plätze gibt es in Nyali und auf *Vipingo Ridge (vipingoridge.com)* mit tollem Blick auf den Indischen Ozean. 🗺 *N13*

AUSGEHEN & FEIERN

THE TERRACE

In dieser Strandbar feiert Kilifis In-Crowd mit Blick auf Bucht und Brücke bis in die frühen Morgenstunden. *Kilifi, B8 neben der Brücke | Facebook: terrace kilifi |* 🗺 *N12*

Auf Vipingo Ridge kommen die Golfästheten auf ihre Kosten

FESTE

KILIFI NEW YEAR RAVE

In Kilifi steigt alljährlich der „New Year"-Rave auf einer alten Plantage. ==Bei dem mehrtägigen Festival feiert eine internationale Crowd zu traditionellen Rhythmen, Fusion-Klängen und Technobeats ins neue Jahr hinein.== Höhepunkt ist der *Burn,* die am Neujahrstag stattfindende Verbrennung einer meterhohen Skulptur. *Tickets ca. 55 Euro | Kilifi | beneath thebaobabs.com |* 🔎 *N12*

INSIDER-TIPP
Unter den Baobabs

MALINDI

(🔎 *N11*) **Leerere Strände als sonstwo an der Küste und das wohl beste italienische Essen Ostafrikas – damit kannst du in Malindi rechnen. Zur Hochsaison fallen italienische Pauschaltouristen in riesige Hotelanlagen ein, denen man aber auch gut entgehen kann.**

Die Geschichte Malindis reicht bis ins 13. Jh. zurück. Der portugiesische Seefahrer Vasco da Gama landete 1498 in Malindi, woran ein Denkmal erinnert. Bis Ende des 19. Jhs. blühte zudem der Sklavenhandel. Heute steht auf dem ehemaligen Sklavenmarkt die imposante Freitagsmoschee, und die Stadt lebt überwiegend vom Tourismus. In der Regenzeit färbt sich das Wasser häufig rot, wenn der Galana-Fluss (un-gefährlichen) Schlamm aus dem Inland an die Küste spült. Außerhalb der Hochsaison sind viele Hotels geschlossen. Ein Hauptanziehungspunkt in Malindi ist die Vielfalt an sportlichen Aktivitäten: In praktisch jedem Hotel werden Windsurfing, Reiten, Tennis, Schnorcheln und Tauchen angeboten.

ESSEN & TRINKEN

THE OLD MAN AND THE SEA

Das wohl beste Restaurant der Stadt liegt gleich neben dem Bootsanleger. Traumhafte und günstige Fisch- und Meeresfrüchtegerichte. Naschkatzen probieren bitte unbedingt die mit Amarula versetzte Crème brûlée! *Mama Ngina Road | Tel. 07 77 13 11 06 | €*

RUND UM MALINDI

7 MALINDI MARINE NATIONAL PARK & WATAMU MARINE NATIONAL PARK

6 km/15 Min. von Malindi (per Auto über Casuarina Road); bzw.
27 km/45 Min. von Malindi (per Auto über B8, Gede Watamu Road und Turtle Bay Road)

Wie nah du an die sich farbenprächtig tummelnde Unterwasserwelt herankommst, kannst du selbst bestimmen: In den Marine National Parks von Watamu und Malindi (Eintritt je 20 US $) hast du die Möglichkeit, die

Meeresflora und -fauna entweder auf Glasbodenbooten oder eigens mit Taucherbrille und Schnorchel zu erkunden. *N11–12*

8 GEDI NATIONAL MONUMENT ★

16 km/25 Min. von Malindi (per Auto über die B8)

Die Ruinen der afrikanisch-arabischen Stadt *Gedi,* gebaut vermutlich Ende des 13. Jhs., geben den Archäologen bis heute noch Rätsel auf. Im dichten Dschungel erheben sich die Reste dicker Mauern einst prächtiger Paläste, Moscheen und Häuser. Warum wurden sie einst erbaut, und warum wurde die Stadt offenbar überstürzt aufgegeben? Fragen, über die du bei dem eindrucksvollen Rundgang unweigerlich nachdenken wirst.

Die Geschichte der Swahili, die hier vermutlich lebten, reicht mehr als ein Jahrtausend zurück. Araber, Inder, Türken und Chinesen handelten einst mit den an den Küsten angesiedelten Völkern Kenias, lange bevor das Landesinnere von Außenstehenden betreten wurde. Die Sprache, Kultur und Religion der hiesigen Bevölkerung wurden in dieser Zeit geprägt. *Tgl. 7–18 Uhr | Eintritt ca. 5, Führung ca. 5 Euro | Mombasa Road |* ⏱ *1 ½ Std. |* *N12*

9 KIPEPEO BUTTERFLY FARM 🎋 🐛 🦋

16 km/25 Min. von Malindi (per Auto über die B8)

Die Schmetterlingsfarm befindet sich gleich neben den Gedi-Ruinen.

Hier werden Larven aus dem Arabuko-Sokoke-Reservat zu Schmetterlingen herangezogen – mehr als 260 Arten, manche davon gibt es nur hier. *Tgl. 8–17 Uhr | Eintritt ca. 2, Kinder ca. 1 Euro | kipepeo.org |* ⏱ *1 Std. |* *N12*

10 WATAMU

24 km/35 Min. von Malindi (per Auto über B8 und Gede Watamu Road)

Watamu liegt an einer der schönsten Buchten der Nordküste. *Turtle Bay* ist nach den schildkrötenartig geformten Koralleninseln benannt, die hier aus dem Meer herausragen. Erstes Haus am Platz ist *Hemingway's (Turtle Bay Road | Tel. 07 09 18 80 00 | hemingways-collection.com/watamu | €€€),* benannt nach dem amerikanischen Schriftsteller, der zum Hochseeangeln in den Ort kam. Watamu ist noch heute die Basis für Sportfischer. Wer Meeresbewohner eher beschützt als gefischt sehen will, dem wärmt ein Besuch beim 🐢 *Watamu Turtle Watch Program (Mo–Fr. 9.30–12.30 u. 14.30–16, Sa 9.30–12 Uhr | Eintritt gegen 3 Euro Spende | Watamu Beach Road | hinter der Dongo Kundu Primary School | watamuturtles.com)* bestimmt das Herz. Bei den stündlich stattfindenden Führungen wird dir die Arbeit der Schildkrötenschützer veranschaulicht. Mit der Spende unterstützt du den Schutz der Meerestiere.

Das *Ocean Sports Hotel (oceansports.net)* verleiht Tauchausrüstungen für den Watamu Marine National Park. Beste Zeit: Oktober bis März; Tauchkurse bei *Aqua Ventures (Tel. 0703 62 81 02).* *N12*

Ruine aus arabischer Vergangenheit: Gedi National Monument

⓫ ARABUKO SOKOKE FOREST

20 km/30 Min. von Malindi (per Auto über die B8)

Seltene Vogelarten, Schmetterlinge und Reptilien lassen sich in diesem Küstenregenwald (einem der letzten der Region) gut beobachten. Der Arabuko Sokoke Forest mit seiner angenehm kühlen Temperatur bietet sich an, um – begleitet von einem Wildhüter (gegen Trinkgeld, KWS-Station am Parkeingang) – ausgedehnte Wanderungen auf dem gut ausgebauten Wegenetz zu unternehmen. *Mombasa Road, zwischen Kilifi und Malindi | Eintritt 25 US $ |* N12

⓬ TANA RIVER DELTA

35 km/50 Min. von Malindi (per Auto über die B8)

Nördlich von Malindi mündet einer von Kenias größten Flüssen, der Tana, in den Indischen Ozean. Ausgangspunkt für eine Safari in die vogelreichen Feuchtgebiete sind die *Tana Delta Dunes (secludedafrica.com | €€€)*, eine Ansammlung von traumhaft in die Dünen zwischen Fluss und Meeresstrand integrierten Häusern. Die Hütten bestehen aus Naturmaterialien und sind zum Meer hin offen. Das Abendessen wird auf einer Terrasse mit tollem Blick über den Fluss serviert, zudem gibt es hier einen Pool zum Abkühlen.

Außer Safaris zu Fuß durch das von den Besitzern gegründete Reservat sind von hier aus auch Bootsfahrten auf dem Fluss möglich. Im Tana tummeln sich viele Nilpferde und Krokodile – ein bisschen Nervenkitzel ist also dabei, nichts für ängstliche Naturen! N–O10

LAMU

(🗺 P9) **Im äußersten Nordosten Kenias liegt verträumt ein Inselparadies. ⭐ Lamu, die touristisch am besten erschlossene Insel des Lamu-Archipels, ist geprägt vom Islam, einer jahrtausendealten Geschichte und Traditionen.**

Auf der Insel gibt es nur ein (Polizei-) Auto, die Menschen bewegen sich zu Fuß fort und laden ihre Lasten auf Esel. Männer tragen hier den traditionellen Kanzu, das weite, weiße Gewand; die Frauen sind schwarz verschleiert. Den Geburtstag des Propheten Mohammed feiern die Muslime auf der Insel alljährlich mit großen Prozessionen, zu denen Tausende Glaubensbrüder aus der ganzen Welt angereist kommen.

Einst war Lamu einer der reichsten Handelsposten der ganzen Küste, vor allem im 19. Jh., als das omanische Herrscherhaus die Insel kontrollierte und von hier Elfenbein und Sklaven nach Arabien verschiffte. Die alte Steinstadt Lamus ist seit 1987 Unesco-Weltkulturerbe und steht unter Schutz. Für die Bewohner selbst bringt das allerdings Probleme mit sich, denn die erforderlichen Renovierungen können sie sich oft nicht leisten. So kaufen immer mehr Expats und Ausländer ihre Häuser auf.

Noch ist der Charme der Insel aber ungebrochen. Das könnte sich ändern, wenn die Regierung und die Finanziers trotz vehementer Proteste daran festhalten sollte, vor Lamu einen Tiefwasserhafen zu bauen.

Der Alltag in Lamu Town (Stone Town) ist islamisch geprägt

Auf Lamu und Manda sind mehrmals Touristen entführt worden. Die kenianischen Behörden gehen davon aus, dass es sich bei den Tätern um Islamisten aus Somalia handelte. Obwohl es zuletzt längere Zeit keine Entführungen mehr gab, haben Anschläge auf dem benachbarten Festland den Tourismus Lamus schwer in Mitleidenschaft gezogen. Vor einer Reise nach Lamu ist es ratsam, sich auf den Seiten des Auswärtigen Amts über aktuelle Reisewarnungen zu informieren.

SIGHTSEEING

DONKEY SANCTUARY 🐒 🐘

Altersheim und Krankenhaus für die Tiere, Streichelzoo für Touristen und ihre Kinder: Hier leben einige der hilfsbedürftigsten der rund 3000 Esel der Insel. *Tgl. 9–13 Uhr | Spenden erwünscht | am nördlichen Ende von Lamu Town |* ⏱ *1 Std.*

LAMU TOWN (STONE TOWN) 🚩

In den engen Gassen zwischen den weiß gekalkten Häusern und dem Strand, wo jeden Morgen nach dem Gebet die Fischer in ihren Dhows ablegen, scheint die Zeit stehen geblieben zu sein. Trotzdem ist *Lamu Town*, auch *Stone Town* genannt, das traditionelle Zentrum Lamus. Die engen Steingassen bieten selbst mitten am Tag Schutz vor der heißen Sonne. Im Zentrum steht das *Alte Fort* von 1809, das wegen seiner schweren Mauern schon von den Briten als Gefängnis genutzt wurde (fotografieren verboten!). In den sich anschließenden

Gassen lohnt es sich besonders, die kunstvoll geschnitzten Türen zu betrachten, für die die Insel berühmt ist. Über Mittag schließen die meisten der kleinen Geschäfte, in denen Handwerker bis heute ihren Gewerken nachgehen. Ab dem Nachmittag versammeln sich Bewohner und Besucher gleichermaßen am Pier, um eine kühle Brise und Kaltgetränke zu genießen.

Einen guten Überblick über die Geschichte der Insel vermittelt das 🚩 *Lamu Museum (tgl. 8–18 Uhr | Eintritt ca. 5 Euro |* ⏱ *1 ½ Std.)* in einem zweistöckigen Swahilihaus gleich neben dem Anleger. Vom Dach kann man die Altstadt überblicken.

SHELA

Gut eine halbe Stunde Fußmarsch (nur bei Ebbe) oder eine zehnminütige Fahrt mit dem Boot-Sammeltaxi von Lamu Town entfernt liegt Shela, ein ruhiges Fischerdorf, das rund um die Freitagsmoschee, die älteste Moschee der Insel von 1829, erbaut wurde. Hier geht es im Vergleich zur Altstadt wesentlich relaxter zu, es gibt weniger Esel und damit weniger Lärm und – ähem – Eselgeruch. Für einen Strand- oder Yogaurlaub kommst du deshalb am besten direkt hierher und übernachtest hier auch.

INSIDER-TIPP Eselberuhigte Zone

ESSEN & TRINKEN

FLOATING BAR

Drinks auf einer schwimmenden Bar vor der Kulisse von Lamus Altstadt?

Segeln ohne Schnickschnack: traditionelle Dhow vor Lamu

INSIDER-TIPP
Schwimmend zum Schwips

Ja, bitte! Am besten lässt du dich kurz vor Sonnenuntergang von einem der Wassertaxis hierherbringen. *Lamu Town | Waterfront | €*

STOPOVER
Lamu-typisch freundlicher Service und leckere Swahili-Küche. Die frischen Fruchtsäfte (Empfehlung: Tamarind-Passion) solltest du dir nicht entgehen lassen. *Shela | Waterfront | €€*

WHISPERS
Lust auf einen echten Kaffee oder ein Eis? Dann ist das Café mit dem begrünten Hinterhof genau richtig. Dazu gibt es hausgemachten Kuchen, frisch gepresste Säfte und Mittagessen (Swahili-Küche). Zum Anwesen gehört ein gehobener Souvenirladen, die *Gallery Baraka,* die einen Besuch lohnt. *Lamu Town | Harambee Avenue | €€*

SPORT & SPASS

DHOW-FAHRTEN ⭐ 🚩
Jedes Hotel auf Lamu kann einen Kapitän vermitteln, der dich auf große Fahrt um die Insel mitnimmt – ein einmaliges Erlebnis. Die Dhow ist ein besonderes Boot: Ihr Segel ist an nur einem Quermast befestigt. Bläst der Wind ordentlich ins Segel, muss der Bootsmann auf einem über Bord liegenden Brett Gegengewicht geben. Bei starkem Wind sind auch die Passagiere gefragt. Trinkwasser, Sonnencreme und Hut mitnehmen! Zu den angebotenen Touren gehören Fahrten in die Creeks von *Manda* mit an-

schließendem Fischbarbecue am Strand oder eine Fahrt zu den Ruinen von *Takwa,* die allerdings nur erreichbar sind, wenn die Gezeiten stimmen.

Wer einen Tag Zeit hat, sollte unbedingt eine *Inselrundtour* machen. An Shela vorbei geht die Fahrt mit der Dhow bis zum Riff, wo man tauchen kann. An dieser Stelle ist das Meer meist aufgewühlt, wird aber wieder ruhiger, wenn das Boot landeinwärts auf Kipungani zuhält. Hier kann man eine Pause im exklusiven Kipungani-Explorer-Club einlegen. Auf der gegenüberliegenden Seite des Kanals liegt das dicht mit Mangroven bewaldete Festland. Weiter geht die Fahrt, vorbei an Matondoni, wo früher die meisten Dhows gebaut wurden. Parallel zur Anlegestelle am Festland fährt der Kapitän zum letzten Mal eine Kurve bis nach Stone Town.

RUND UM LAMU

13 MANDA ISLAND

3 km/20 Min. von Lamu (Wassertaxi)

Manda ist für viele Urlauber das Erste, was sie bei einem Lamu-Urlaub sehen, denn Lamus Flughafen, der mehrmals täglich von Nairobi aus angeflogen wird, liegt auf der kleinen, der Hauptinsel gegenüberliegenden Insel. Boote bringen dich nach Lamu. Manda selbst wurde erst in den vergangenen Jahren für Touristen geöffnet. Die Resorts hier sind teuer, u. a. deshalb, weil jeder Tropfen Trinkwasser mit dem Boot nach Manda gebracht werden muss. Tagesausflüge zum Strand von Manda sind mit der Dhow ebenso möglich wie ein Besuch der Ruinen der Swahili-Siedlung *Takwa.* 📖 *P9*

SCHÖNER SCHLAFEN AN KENIAS KÜSTE

AUSSTEIGERPARADIES

Genau das Richtige für relaxte Backpacker und Pärchen ist die Öko-Lodge *Distant Relatives* (kilifibackpackers. com | €) in Kilifi. Hier genießt man die phantastischen Gerichte der wechselnden Tageskarte oder zischt ein kühles Bier am Pool. Ein bisschen abseits an einem kleinen Strandabschnitt gelegen, mit Ökotoiletten mit Bambusdächern, bekommt man hier einen Eindruck vom Aussteigerleben. Beachvolleyball und Yogakurs sind ebenso möglich, abends tanzt man zu den Beats internationaler DJs.

NATÜRLICH LAMU

Das Kleinod Lamu wird unter jungen Kenianern als Urlaubsort immer beliebter – vor allem Shela als Yoga- und Relax-Hotspot. Die Häuser sind aus Korallenstein gebaut und zeugen vom arabischen Erbe, wie z. B. das entspannte Boutiquehotel *Fatuma's Tower* (fatumastower.com | €€). Das *Madakani House* (lamuretreats.com | €€) ist ein traditionelles Swahilihaus aus dem 18. Jh. Im *Fishtrap House* (lamuretreats.com | €€) wohnst du wie die lokalen Fischer – mit Zugang zum Meer und tollem Blick.

DER SÜDOSTEN

WEIT UND WILD

Von der Küste zieht sich die rote, staubige Erde über weites, flaches Land: Der Südosten Kenias ist Afrika pur. Im Tsavo, Kenias größtem Nationalpark, wird die Landschaft von Lavagestein unterbrochen, das zu bizarren Formen erstarrt ist. Am Horizont erheben sich Ernest Hemingways „grüne Hügel Afrikas", die Chyulu Hills – und der höchste Berg des Kontinents, der Kilimandscharo, zu dessen Füßen Elefanten durch die Savanne des Amboseli National Park ziehen.

Treffpunkt Wasserstelle im Tsavo West Nationalpark

Konnte man die Region bisher nur über Abzweigungen der großen Ost-West-Autobahn A 109 oder mit kleinen Charterflugzeugen erreichen, eröffnet seit ein paar Jahren die chinesisch betriebene Schnellzugstrecke neue Möglichkeiten. Der SGR-Zug von Nairobi nach Mombasa fährt mitten zwischen den beiden Teilen des Tsavo National Park hindurch und hält mehrfach in der Region an. Mit ein bisschen Glück siehst du schon aus dem bequemen Abteil heraus Warzenschweine, Elefanten und Giraffen – Safari auf Gleisen!

DER SÜDOSTEN

Kwakavisi

Simba

Twaandu

Selengai

Kiboko

A109

Makindu

MAKUENI

Merueshi

Chyulu Hills **8**

KAJIADO

Mukutano

C103

Amboseli National Park ★

S. 66

Lake Amboseli **1**

197 km, 3 ½ Std.

KENYA

ARUSHA

Kimana

Olmolog

Irkaswa

Kuku

C103

Loitokitok

5 Mzima Springs

Matadi

Mbomai

Magoimet

2 Kilimandscharo ★

Ol Girra

TANZANIA

Mkuu

Mweka

Chala

Mwika

Kwasadala

Moshi

Holili

Makao Mapya

Himo

Taveta

A23

Longoi

Oria

Naisinyai

Kifaru

Kivisini

Kiwoi

Handeni

Kambi ya Simba

Lake Jipe

Lang'ata Bora

Mwanga

20 km
12.43 mi

MARCO POLO HIGHLIGHTS

★ **AMBOSELI NATIONAL PARK**
Elefanten marschieren herdenweise durch die Graslandschaft im Schatten des Kilimandscharo ➤ S. 66

★ **KILIMANDSCHARO**
5895 m ragt Afrikas höchster Berg in den Himmel: ein majestätischer Anblick ➤ S. 67

★ **TSAVO NATIONAL PARK**
Kenias größter und abwechslungs- reichster Nationalpark: ein Landschaftstraum in Rot ➤ S. 69

Kiangu
Kalivu
Simisi
Ikutha
Kituti
Athi
ibwezi
Kithyululu
Machinery

TANA RIVER

KITUI

Mtito Andei

144 km, 2½ Std.

Tsavo East National Park★ ●
S. 69

4 Shetani Lava Flow

3
Ngulia Rhino
Sanctuary

C103

96 km, 1 Std.

Tsavo

Athi-Galana-
Sabaki River

6 Lugard Falls

Manyani

70 km, 2 Std.

TAITA TAVETA

Mlilo

Ndii

● **Tsavo West National Park★**
S. 69

Ikanga

Voi

Aruba-Stausee 7

Maktau

Wundanyi

Kighononyi

A23

A109

Mwatate

Talio

Maungu

![Elephant herd in Amboseli]

AMBOSELI NATIONAL PARK

(🗺 F–H 9–11) **Für viele Kenia-Besucher ist der ⭐ Amboseli der optisch beeindruckendste Park des Landes. Am Fuß des fast 6 km in die Höhe ragenden, schneebedeckten Kilimandscharo ziehen die im Vergleich dazu zwergenhaft wirkenden Elefanten in Herden durch die Savanne, die fast überall mit einer feinen Ascheschicht bedeckt ist.**

Am schönsten ist der vergleichsweise kleine Nationalpark (392 km²) am frühen Morgen und in der Stunde vor Sonnenuntergang: Dann zeigen

INSIDER-TIPP
Lass dich früh wecken!

sich hier einmalige, faszinierende Farbspiele. Über allem türmt sich der gleißende Gipfel des „Kili", dessen Spitze sich tagsüber hingegen meist wolkenverhangen zeigt.

Neben Elefanten beherrschen vor allem Zebras, Gnus und Gazellen das Bild des Parks. Quellen und Seen, die von den Flanken des Kilimandscharo gespeist werden, ermöglichen ihnen in dem sonst knochentrockenen Land ebenso das Überleben wie den Schakalen, scheuen Leoparden und Krokodilen. Zu den einmaligen Anblicken gehören auch Elefantenherden, die bis zum Bauch eingesunken im Sumpf baden. Die nicht weit von Ol Tukai entfernten Sümpfe sind zudem der Traum von Vogelkundlern: Kraniche, Pelikane, Reiher und Dutzende andere Arten finden im seichten Wasser Nahrung.

Amboseli lässt sich von Nairobi mit dem Auto je nach Verkehrs- und Stra-

Wohnstube für Dickhäuterfamilien: Amboseli National Park

ßenlage innerhalb von vier bis fünf Stunden erreichen; der Flug dauert eine knappe halbe Stunde. *Parkeintritt 70 US $ | kws.go.ke/amboseli-national-park*

ZIELE IM NATIONALPARK

1 LAKE AMBOSELI

Der See, nach dem der Park benannt ist, füllt sich nur in der Regenzeit mit Wasser. Wo im Rest des Jahres nicht mehr als eine dürre Staubpfanne vorzufinden ist, tobt dann binnen Stunden das Leben. Mit Glück lassen sich hier in der Regenzeit auch Flamingos und andere Zugvögel beobachten. *G10*

2 KILIMANDSCHARO ⭐ 🚩

Afrikas mit 5895 m höchster Berg befindet sich zwar in Tansania, aber hier im Amboseli National Park ist er der majestätische Blickfang. Von nahezu überall beherrscht er den Horizont. Geologisch gesehen ist der Kilimandscharo ein junger Berg, geformt durch vulkanische Aktivität vor gut einer Million Jahren. Heute ist er ein schlummernder Vulkan. Obwohl es keine Ausbrüche gibt, wehen starke Schwefelgerüche über dem 2,3 km breiten und 200 m tiefen Krater an der Spitze. *G–H11*

SPORT & SPASS

KILIMANDSCHARO-BESTEIGUNG

Bestaunen kann man den höchsten Berg Afrikas von kenianischer Seite – besteigen kann man ihn aber nur in Tansania. Vom Grenzübergang bei Namanga sind es ca. 200 km auf guten Straßen bis nach Moshi, wo die meisten Kili-Touren beginnen. Ob Gipfelsturm, Tagestour, Mountainbiking oder Trekking: In Moshi kann alles arrangiert werden. Wer sich Zeit nimmt und sich schrittweise an die Höhe anpasst, hat auch ohne Bergerfahrung gute Chancen, bis ganz nach oben zu kommen. Tansanias Regierung schreibt die Buchung über ein Safari-Unternehmen ebenso vor wie die Beschäftigung einheimischer Führer und Träger.

Beliebteste Route zum Gipfel ist die *Marangu-Route* (auch Coca-Cola-Route genannt), die innerhalb von fünf Tagen die ganze Bandbreite der Ökosysteme des Kili durchquert. Wenn du sichergehen willst, den Gipfel zu erreichen, planst du am besten auf dem Aufstieg einen Extratag in der Horombo-Hütte ein. Billig ist eine Kilimandscharo-Besteigung nicht: Je nach Veranstalter muss man mit mindestens 900 Euro für eine Fünf-Tages-Tour auf der Marangu-Route rechnen, zuzüglich Parkgebühr und Trinkgeld für die Träger, das nicht zu knapp bemessen sein sollte. November, März und April, wenn der Regen die Waldwege aufweicht und in größeren Höhen besonders viel Schnee liegt, gelten als die schlechtesten Monate für einen Aufstieg. Weitere Infos und Adressen empfehlenswerter Organisatoren findest du im MARCO POLO Band „Tansania". *H12*

LODGES

AMBOSELI SERENA LODGE ⚑

Unauffällig in die Landschaft eingepasste Lodge im Stil eines Massaidorfs. Im Pool badet man mit Blick auf den Kilimandscharo. Für ihr vorbildliches

SCHNEE VON GESTERN

„Schnee auf dem Kilimandscharo" ist die vielleicht bekannteste Kurzgeschichte des US-Schriftstellers Ernest Hemingway. Doch die charakteristische weiße Bergkappe wird vermutlich schon bald der Vergangenheit angehören. Al Gore postulierte einst in seinem Buch „Eine unbequeme Wahrheit", dass dafür die Erderwärmung verantwortlich sei. Mittlerweile steht fest, dass die Schneespitze schon länger schrumpft, als es den menschengemachten Klimawandel gibt. So oder so, Klimaforscher gehen davon aus, dass der Schnee auf dem Kilimandscharo schon Anfang der 2020er Jahren verschwunden sein könnte – mit massiven Folgen für die Umwelt. Der Grundwasserpegel sinkt stetig, was bereits die Vegetation beeinträchtigt – und damit natürlich die Tierwelt. Auch das vielfältige Ökosystem am Berg selbst ist gefährdet, weil es perfekt an die klimatischen Bedingungen angepasst ist: Die Felder des Hochlands gehen über in dichten Bergwald. Über 2800 m folgen Heide- und Moorland, über 3700 m urzeitlich anmutende Wälder von bis zu 3 m hohen Lobelien bis zur Baumgrenze. Der harschen Umgebung mit den tiefen Höhentemperaturen hat sich eine vom Umland weitgehend isolierte Tierwelt angepasst, einschließlich Elefanten und sogar Leoparden.

Bucket-List-Inspiration? Einmal den Kilimandscharo besteigen

Ökomanagement wurde die Lodge als kenianische Ökotourismus-Destination ausgezeichnet. *92 Zi. | Tel. 07 32 12 33 33 | serenahotels.com | €€€ | □□ G10*

OL TUKAI LODGE 🚩
Safarikitsch trifft Luxus auf dieser aus Holz errichteten Lodge im Herzen des Parks. Im Garten leben über 150 Vogelarten. *82 Zi. | Tel. 07 26 24 96 97 | oltukailodge.com | €€€ | □□ H10*

TSAVO NATIONAL PARK

(□□ J–L 9–13) **Der ⭐ Tsavo National Park, der eigentlich aus zwei Parks** besteht – Tsavo East und Tsavo West – ist mit 21 812 km² der größte und abwechslungsreichste Nationalpark Kenias. Auf einer Fläche größer als Hessen wechseln sich staubige Savanne, roter Laterit und dichte Akazienwälder ab.

Der breite Flusslauf des Galana-Flusses durchschneidet die trockenen Ebenen, während sich weiter westlich Hügel und Lavaformationen mit schier endlosen, unterirdischen Tunnelsystemen erstrecken. Tsavo will entdeckt und erobert werden: Der kurz nach seiner Gründung entlang der Hauptstraße von Mombasa nach Nairobi in zwei Einheiten (Tsavo West und Tsavo East) geteilte Park bietet je nach Ecke und Saison immer wieder unterschiedliche Bilder. Vielen erschließt sich der riesige Park erst mit der Zeit, doch seine Größe und seine Wildheit machen

Tsavo zu einem ganz besonderen Erlebnis. Die Anreise mit dem Auto ist wegen der nahen Hauptstraße von Mombasa nach Nairobi ungewohnt komfortabel: In drei bis vier Stunden ist der Weg von beiden Städten bis zum *Voi Gate* zurückgelegt. Wenn du mit eigenem Auto reist, kannst du den Weg an die (nördliche) Küste durch Tsavo East hindurch abkürzen. Flüge nach Tsavo sind vergleichsweise teuer, aber glücklicherweise hält der SGR-Zug auf der Strecke zwischen Nairobi und Mombasa an zwei Eingängen zum Park: *Mtito Andei* und *Voi. Parkeintritt: 60 US $ (pro Park) | kws.go.ke*

Tsavo West, der kleinere Teil der beiden Tsavo-Parks (rund 9000 km²), ist der landschaftlich etwas vielfältigere, auch wenn es manchmal schwierig ist, in der dichter bewachsenen Gegend Tiere zu erspähen. Im Dickicht können sich die Big Five ebenso gut verbergen wie die scheuen Kudus, die es kaum sonst irgendwo in Kenia zu sehen gibt.

Tsavo East ist eine riesige, weitgehend ungezähmte Wildnis. Hier kannst du stundenlang unterwegs sein, ohne einem anderen Fahrzeug zu begegnen. Die Wildtiere leben weit verstreut in der phantastischen Landschaft aus roter Erde, verstreuten Akazien und Dornbuschsavanne. Das Gebiet bildet eine Übergangszone zwischen den Savannen des südlichen und den Wüstenzonen des nördlichen Kenia. Entlang der wenigen Wasserquellen versammeln sich vor allem in der Trockenzeit zahlreiche Tiere, die sich dann

Klar, wer in den Nationalparks Vorfahrt hat, wie hier im Tsavo East

besonders gut beobachten lassen. Neben den von der Erde mit rotem Staub überzogenen Elefanten, die nach gnadenloser Wilderei in den 1970er-Jahren im Tsavo heute wieder reichlich vorkommen, sind die mähnenlosen Löwen die (publikumsscheuen) Stars im Park. Biologen rätseln bis heute, warum die männlichen Löwen – anders als fast überall sonst – keine Mähne tragen. Während des Baus der Eisenbahn, deren Schienenstrang sich am Nationalparkrand entlangzieht, waren die Löwen als „Menschenfresser" berüchtigt. Sie sollen während der Bauzeit mehr als 140 Arbeiter gerissen haben. Bei Kenianern haben die Löwen von Tsavo daher auch heute noch den Ruf, außergewöhnlich aggressiv zu sein.

3 NGULIA RHINO SANCTUARY

Einer der besten Orte, um Nashörner zu beobachten: In dem mit einem Elektrozaun abgesperrten Nashornreservat innerhalb des Parks werden ca. 70 Nashörner vor Wilderern geschützt. Das Schutzprogramm ist so erfolgreich, dass in den vergangenen Jahren mehr als 100 der Tiere ausgewildert worden sind.

INSIDER-TIPP
Ein Herz für Nashörner

Weil die Rhinos von Ngulia auf relativ engem Raum leben, sind die Chancen sehr gut, die sonst so scheuen Rhinozerosse zu Gesicht zu bekommen. *Tgl. 16–18 Uhr | Eintritt ist in der Nationalparkgebühr enthalten | Tsavo West | J11*

4 SHETANI LAVA FLOW

Der Shetani Lava Flow (*Shetani* heißt Teufel) ist ein erstarrter Lavafluss, der von einem Vulkanausbruch vor 200 Jahren zurückgeblieben ist. Anders als im sonst so dicht bewachsenen Park steht hier bis heute kaum eine Pflanze – der Grund, warum der Lavafluss seinen höllischen Namen trägt. Gerade wegen seiner Andersartigkeit strahlt der Ort etwas ganz Eigenes, fast Magisches aus. *Tsavo West | J11*

5 MZIMA SPRINGS

An dem von den Flanken des Kilimandscharo gespeisten Gletschersee mit ungewöhnlich klarem Wasser lassen sich Krokodile und Nilpferde beobachten – und zwar sowohl vom Ufer

Kenia hat nicht nur Savanne: unberührte Lavalandschaft in den Chyulu Hills

aus (einer der wenigen Orte in Kenias Nationalparks, wo man sich vorsichtig zu Fuß bewegen darf) als auch unter Wasser. Eine dicke Glasfront, die in einen Aussichtspunkt unterhalb der Seeoberfläche eingebaut ist, macht es möglich, den an Land so schwerfälligen Hippos bei ihrem tänzelnden Unterwasserballett zuzusehen. *Tsavo West | ⌘ J11*

6 LUGARD FALLS

Die bizarren Lugard Falls, eine Reihe von Wasserfällen, die durch riesige Quarzbrocken rauschen, bieten einen einmaligen Ausblick auf den Galana-Fluss, die wichtigste Lebensader für die Tiere im Tsavo. An seinen Ufern färbt sich die sonst braungelbe Landschaft auf einmal saftiggrün, an den Ufern stehen Palmen und dichte Auwälder. Flussabwärts folgt ein ruhiger Abschnitt, der *Hip-*

po Pool, wo du vom höher gelegenen, *Crocodile Point* genannten Aussichtspunkt aus Flusspferde und Krokodile beobachten kannst. *Tsavo East | ⌘ K11*

7 ARUBA-STAUSEE

Der Rundweg vom Parkgate in Voi bis zum 1951 angelegten Aruba-Stausee (Aruba-Damm) in Tsavo East ist eine gute Route, um die Tierwelt zu beobachten. Hier im offenen Grasland sind die scheuen Geparden und Löwen gut zu sehen. Wer sich einen Überblick verschaffen will, steuert am besten den gut 30 km westlich gelegenen *Mudanda Rock* an, den kenianische Tourguides gern mit dem australischen Uluru (Ayers Rock) vergleichen. Zwar ist der Inselberg viel kleiner als der große Bruder in Down Under, nichtsdestotrotz aber ein beeindruckender Anblick. Einmal oben angelangt, reicht der Blick zudem bei klarer Sicht bis zum Galana-Fluss – und auf ein nahes Wasserloch, an dem sich bei Sonnenauf- und -untergang Elefanten, Büffel und Antilopen drängen wie Kneipengänger in Nairobi an einem Freitag. *Tsavo East* | 🗺 *L12*

LODGES

FINCH HATTON'S
Mit allen Schikanen ausgestattetes Luxuscamp, benannt nach dem Liebhaber der dänischen Autorin Karen Blixen – Denys Finch Hatton, dessen andere Liebe der Tsavo war. Die Besitzer verwöhnen die Gäste passend im Stil der 1920er-Jahre. *17 Zi.* | *Tsavo West* | *Tel. 07 20 44 44 19* | *finchhattons.com* | *€€€* | 🗺 *J11*

SEVERIN SAFARI CAMP
Kleines und familiär geführtes Camp, das trotz eines Spas und eines großen Swimmingpools auf die Schonung der knappen Ressourcen Wert legt. Die Lage mitten in der Wildnis ist nicht nur wegen des Panoramablicks atemberaubend – nachts trotten auch schon mal Giraffen zwischen den Zelten hindurch. *27 Zelte* | *Tsavo West* | *Tel. 07 22 28 46 82* | *severinsafaricamp.com* | *€€€* | 🗺 *J11*

VOI SAFARI LODGE
Die Lodge besticht durch ihre einmalige Lage über einem Wasserloch, an dem sich zum Sonnenauf- und -untergang Tiere einfinden. Auch der Weg

zu dem für Fotosafaris besonders ergiebigen Rundparcours beginnt gleich vor dem Tor. *53 Zi.* | *Tsavo East* | *Tel. 07 33 33 34 00* | *safari-hotels.com* | *€€* | 🗺 *K12*

RUND UM DEN TSAVO NATIONAL PARK

8 CHYULU HILLS 🌴
144 km/2 ½ Std. vom Tsavo Voi Gate (per Auto über die A109)

Hier erkundest du ein Kenia, das sich von der berühmten Savanne kaum deutlicher unterscheiden könnte. Eine fast magische Landschaft aus erkalteter Lava und den Überresten erloschener Vulkane, dazwischen die von Ernest Hemingway berühmt gemachten „grünen Hügel Afrikas": Die wenig besuchten Chyulu Hills sind geologisch eine der jüngsten Bergketten der Welt und bestechen durch ihre unberührte Natur. In Begleitung eines einheimischen Rangers ist diese fruchtbare Gegend mit ihrem für Europäer sehr angenehmen Klima gut zu erwandern.

Kletterer und Höhlenfreunde können zudem die vom Tageslicht kaum beleuchteten unterirdischen Kanäle erkunden, die die Lavaströme hinterlassen haben. *Parkeintritt 25 US $* | 🗺 *H–J10*

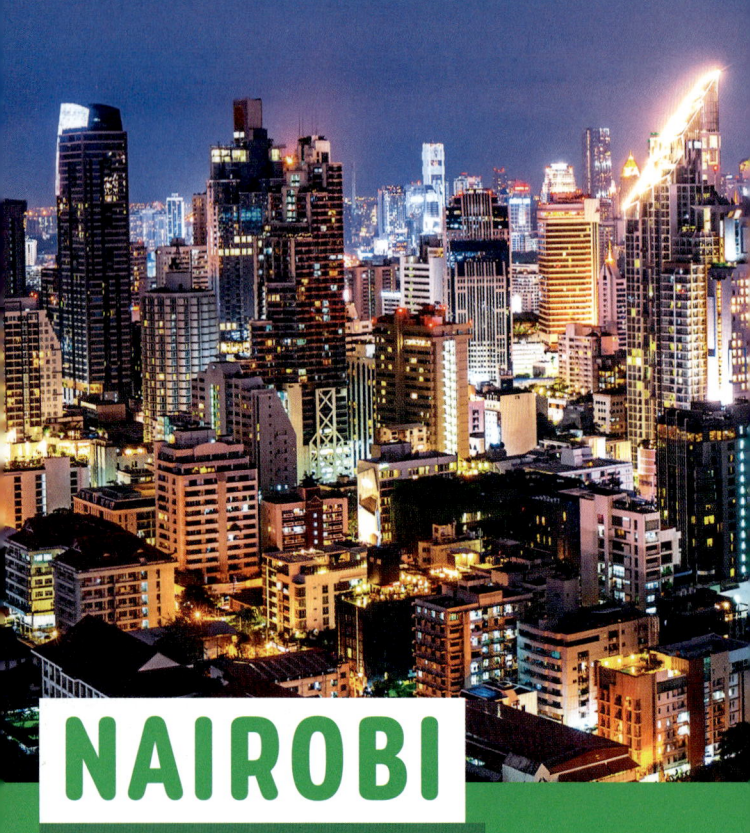

NAIROBI

KENIAS PULSIERENDES HERZ

(🗺 F–G7) **Obwohl die 4-Mio.-Metropole nur 150 km südlich des Äquators liegt, steigt das Thermometer dank der Hochlandlage auf 1700 m selten über 30 Grad.**

Kenias Hauptstadt boomt: In den Westlands und in Kilimani entstehen glitzernde Skylines. Chinesische Bautrupps errichten im Rekordtempo Entlastungsstraßen und Stadtautobahnen, um Nairobis Dauerstaus ein Ende zu machen. Clubs, Cafés und Shoppingmalls drängen sich dicht an dicht. Die Mehrheit der Bevölke-

Kontrastprogramm zur Safari: Nairobis Skyline

rung lebt trotzdem in den Armenvierteln wie Kibera oder Mathare, die Touristen selten zu Gesicht bekommen. Hier gibt es keinen Strom oder fließendes Wasser, während die in Sichtweite gelegenen, von hohen Mauern umgebenen Villen mit Pools von Sicherheitsleuten bewacht werden. Arm und Reich leben kaum irgendwo sonst so nahe beieinander wie in Nairobi.

NAIROBI

One Off Contemporary
Art Gallery

Ibis Drive
Ibis Cresce

Ngecha Road

Kitisuru

Peponi   Thigiri Road
🛍 Spinners Web
Road   Road

Crossroads

Bendera Lane

Spring Valley Road

MARCO POLO HIGHLIGHTS

⭐ **NATIONAL MUSEUM**
Frisch renovierter, prächtiger Neubau
mit Ausstellungen rund um Kenia und
seine Geschichte ➤ S. 78

⭐ **KENYATTA TOWER**
Das Helipad auf dem Dach bietet eine
atemberaubende 360°-Aussicht auf
Nairobi ➤ S. 78

⭐ **NAIROBI NATIONAL PARK**
Ein Stück Wildnis mitten in
Kenias Hauptstadt: vorne Nashorn,
hinten Skyline ➤ S. 80

⭐ **DAVID SHELDRICK WILDLIFE TRUST**
Die Kleinen der Großen: Hier streichelst
du dickhäutige Waisenkinder und
unterstützt deren Schutz ➤ S. 80

⭐ **THE ALCHEMIST**
Alles, was das Hipsterherz begehrt: Club,
Bar, Streetfood, Comicbuchladen,
Tattoostudio, Café, Livemusik ... ➤ S. 86

Kyuna Road

Lower Kabete

Shanzu Road

Grevillea Grove

🛍 APDK Fair Trade Shop

Waiyaki Way

A104   🌳 Mercury Lounge

Rhapta

Church Road

Road

Riverside Drive

Dik Dik Ga

ruens

James Gichuru Road

Road

Mzima Springs Road

Olenguruone Road

Kandara Road

Siaya Road   Oloitokitok Road

Convent Drive

Ndoto Road

Kuona Trust 7   Denr

Salim Road

James Gichuru Road

Muthangari Road

Mageta Road

Nyeri Road

🍸 The Bar
Next Door

Suguta Road

Serenity Road

Kikambala Road

Galana Road

Ring Road

Osteria del Chianti 🏠

Gitanga Road

Gitanga Road

Hatheru Road

Hendred Road

Ole Odume Road

Argwings Kodhek Road

Elgeyo Markwet R.

Argwing

Mama Oliech
Restaurant

Mbaazi Ave.

Kunde Road

Muringa   Road

Menelik Road

Kilimani

Naivasha R.

Kingara Road

750 m
820 yd

11 Giraffe Centre

10 **David Sheldrick Wildlife Trust** ⭐

Ngong Road

Ngong Roa

🛍 Toi Market

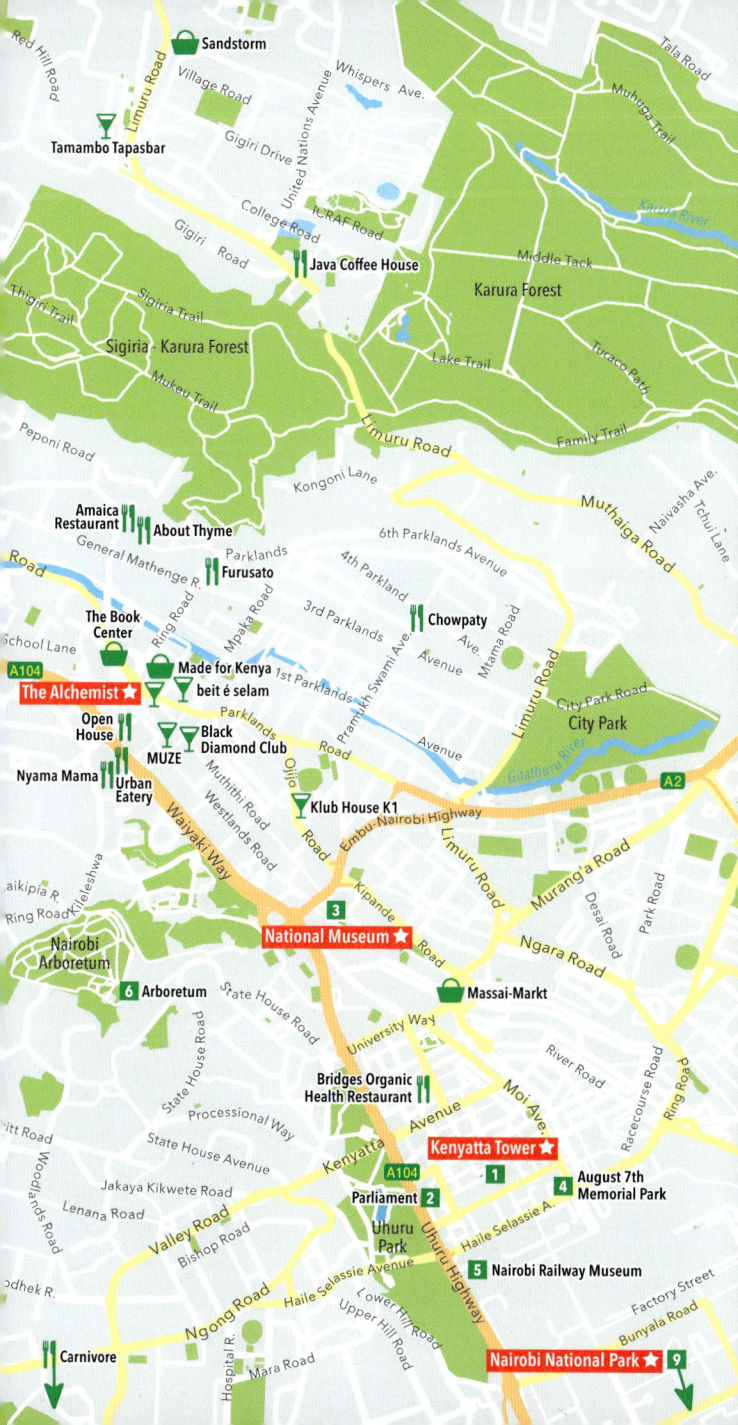

Sandstorm

Tamambo Tapasbar

Java Coffee House

Karura Forest

Middle Tack

Sigiria - Karura Forest

Karura River

Turaco Path

Family Trail

Lake Trail

Peponi Road

Limuru Road

Kongoni Lane

Muthaiga Road

Naivasha Ave.
Tchui Lane

Amaica Restaurant

About Thyme

6th Parklands Avenue

Furusato

4th Parkland

City Park Road

The Book Center

3rd Parklands

Chowpaty

City Park

Made for Kenya
beit é selam

The Alchemist ★

Parklands

Open House

Nyama Mama

MUZE

Black Diamond Club

Klub House K1

Embu Nairobi Highway

Murang'a Road

Park Road

A2

Waiyaki Way

Kipande Road

National Museum ★

Ngara Road

Desai Road

Nairobi Arboretum

Massai-Markt

6 Arboretum

State House Road

University Way

River Road

Racecourse Road

Ring Road

Bridges Organic Health Restaurant

Kenyatta Avenue

Moi Ave.

Processional Way

State House Avenue

Kenyatta Tower ★

1

Parliament 2

4 August 7th Memorial Park

Uhuru Park

5 Nairobi Railway Museum

Carnivore

Nairobi National Park ★ 9

Die Innenstadt kannst du (tagsüber) getrost zu Fuß erkunden; nach Einbruch der Dunkelheit sind Taxis Pflicht, selbst wenn du nur ein paar Straßenecken weiter willst.

Diese sind günstig zu haben – Uber und Co. sei Dank. Noch billiger sind die Matatu genannten Sammeltaxis. Vergewissere dich schon beim Einsteigen, dass es wirklich zum gewünschten Ziel fährt, denn die Beschriftung ist oft kryptisch. Selbst Auto fahren ist nur was für Leute mit starken Nerven (Linksverkehr!).

SIGHTSEEING

1 KENYATTA TOWER ⭐

Einen großartigen Blick über Nairobi und – bei klarer Sicht – sogar auf Mount Kenya und Kilimandscharo

---

WOHIN ZUERST?

Fairmont The Norfolk Hotel *(📖 b2):* Falls du mit einem Mietwagen unterwegs bist, kannst du ihn auf dem bewachten Parkplatz gegenüber dem Norfolk Hotel, dem ältesten Haus der Stadt, abstellen. Die Zufahrtsstraße zum Hotel führt dich zur Innenstadt, die du am besten zu Fuß erwanderst. Sie wird zur Rechten vom Uhuru Park begrenzt; als Orientierungspunkte dienen das schwarzweiß geringelte Nation-Hochhaus und das auf der anderen Seite des Zentrums liegende Kenyatta-Konferenzzentrum mit dem höchsten Turm der Stadt.

---

hat man von der 28. Etage des Kenyatta-Konferenzzentrums. Kenianische Popstars drehen auf dem ikonischen Hubschrauberlandeplatz gern Musikvideos. Der Turm, Wahrzeichen Nairobis, ist nicht zu übersehen. Ausweis nicht vergessen! Der muss am Empfang als Pfand abgegeben werden. *Eintritt ca. 4 Euro | City Hall Way | 📖 d5*

2 PARLAMENT

Am südlichen Ende der Innenstadt erstreckt sich das Parlamentsgebäude mit seinem auffälligen Uhrenturm. Die Sitzungen können von der Besuchertribüne aus verfolgt werden, allerdings nur nach Anmeldung *(Tel. 020 2 84 80 00)*. Direkt neben dem Gebäude brennt am Grabmal von Gründungspräsident Jomo Kenyatta ein ewiges Feuer. *Parliament Road | 📖 c6*

3 NATIONAL MUSEUM ⭐ 🌳 👓

Wenn man ganz ehrlich ist, handelt es sich hier nicht um ein einziges Museum – vielmehr um einen bunt zusammengewürfelten Mix aus mehreren Ausstellungen. Der prächtige Neubau zeigt die wertvollen naturkundlichen, ethnografischen und prähistorischen Sammlungen in neuem Licht. In einer separaten Ausstellungshalle sind zudem wechselnde Kunstausstellungen zu sehen. Wer keine Angst vor kalten Reptilien hat: Gegenüber dem Museum liegt der *Snake Park,* in dem Mambas, Puffottern und Pythons bewundert werden können. *Tgl. 8.30–17.30 Uhr | Eintritt Museum/Snake Park je ca. 11, Kinder*

Das National Museum in Nairobi versammelt verschiedenste Ausstellungen

5 Euro, Kombiticket 14, Kinder 9 Euro | museums.or.ke | Museum Hill | ☉ 3 Std. | 🕮 a1

4 AUGUST 7TH MEMORIAL PARK 🐗

Hier zündeten Anhänger Osama bin Ladens 1998 eine Bombe, die die US-Botschaft in Trümmer legte. Mehr als 200 Kenianer starben bei dem Anschlag. Ihre Namen stehen auf einer Gedenkmauer, ein Kunstwerk aus den Überresten der Botschaft und einer benachbarten Bank erinnert an die Wucht der Detonation. *Tgl. 6–18 Uhr | Eintritt ca. 30 Cent | Ecke Moi Ave./ Haile Selassie Ave. | 🕮 e5*

5 NAIROBI RAILWAY MUSEUM

Hier stehen alte Dampfloks und der Waggon, den Anfang des vergangenen Jahrhunderts ein menschenfressender Löwe heimsuchte. Nicht nur wegen solcher Zwischenfälle wurde die Bahnlinie von Mombasa bis zum Viktoriasee schnell *Lunatic Line* (*Lunatics:* Wahnsinnige/Irre) genannt. Alte Fotos erinnern an die ersten Jahre Nairobis. *Tgl. 8–17 Uhr | Eintritt ca. 5 Euro | Station Road | ☉ 1 Std. | 🕮 c6*

6 ARBORETUM 🐗

Nairobis botanischer Garten ist ein perfekter Ort, um sich bei einem Spaziergang vom Chaos der Stadt zu erholen. Am Wochenende treffen sich hier die Einheimischen zu Picknicks und bunten Open-Air-Gottesdiensten. *Tgl. bis Sonnenuntergang | Eintritt ca. 40 Cent | Arboretum Drive nahe State House | 🕮 0*

7 KUONA TRUST 🎋 🐦

Auf dem großzügigen Areal nicht weit vom Präsidentenpalast (State House) haben Künstler ihre Ateliers, in denen Besucher willkommen sind. Im angeschlossenen Café gibt es wechselnde Ausstellungen, selbst auf dem Rasen sind normalerweise Skulpturen zu sehen. *Tgl. 10–18 Uhr | Likoni Close, off Dennis Pritt Road | 🕙 0*

8 ONE OFF CONTEMPORARY ART GALLERY 🎋 🐦

In ihrem Haus – selbst ein Kunstwerk, da es einer Hobbithöhle gleicht – hat Carol Lees Werke namhafter Gegenwartskünstler versammelt. Zusätzlich zu ihrem einmaligen Bestand veranstaltet die ehemalige Kuratorin des geschlossenen Ramoma-Museums monatlich wechselnde Ausstellungen. Hier darfst du auch etwas kaufen, aber ein Muss ist es nicht. *Di–So 11–17 Uhr | Rosslyn Lone Tree 17 (hinter Village Market) | 🕙 1 Std. | 🕙 0*

9 NAIROBI NATIONAL PARK ⭐ 🚩

Keine andere Hauptstadt in der Welt hat einen Nationalpark in ihrer Mitte. Zwar wird er auf allen Seiten immer mehr zugebaut, doch im Park selbst merkt man von der Belagerung kaum etwas. Alle möglichen Pflanzenfresser wie Zebras, Giraffen oder Antilopen und sogar die „Big Five" kann man mit ein bisschen Geduld und Glück hier beobachten – im Hintergrund leuchtet die nahe Skyline der Stadt – ein einmaliger Mix. *Tgl.*

6–19 Uhr | Eintritt 45 US $ | Langata Road | Langata | 🕙 4–10 Std. | 🕙 G7

10 DAVID SHELDRICK WILDLIFE TRUST ⭐ 🚩 👥

Der besser als Elefanten-Waisenhaus bekannte David Sheldrick Trust gibt kleinen Elefanten ein Zuhause, die in der Wildnis keine Chance hätten. Jeden Tag um 11 Uhr kannst du eine Stunde lang bei der Fütterung und den Babys beim Spielen im Schlamm zusehen. Die Pfleger haben zu jedem der Kleinen die Hintergrundgeschichte parat, und für 50 $ im Jahr kannst du sogar einen der Elefanten adoptieren! *Tgl. 11–12 Uhr | Eintritt ca. 5 Euro | angrenzend an Nairobi National Park | 🕙 1 ½ Std. | 🕙 G7*

11 GIRAFFE CENTRE 🚩 👥

Auf der erhöht gelegenen Terrasse steht man hier Rothschild-Giraffen Auge in Auge gegenüber und kann die zutraulichen Tiere sogar füttern – ein tolles Erlebnis, nicht nur für Kinder. *Tgl. 9–17 Uhr | Eintritt ca. 8 Euro | Duma Road | Langata | 🕙 1 ½ Std. | 🕙 F7*

ESSEN & TRINKEN

BRIDGES ORGANIC HEALTH RESTAURANT

Das gibt es nur hier: authentische kenianische Küche mit frischen Zutaten aus biologisch-organischem Anbau. Viele Gerichte sind vegetarisch. Mittags, wenn Angestellte aus den nahen Büros hierher strömen, ist es oft schwer, einen Platz zu bekommen. *Tgl. | Trust Mansion Building | Tubman*

Giraffen ganz nah, ohne selbst einen langen Hals zu machen – im Giraffe Centre

Road, off Koinange Street | Downtown | bridgesorganics.com | € | ⊞ b4

MAMA OLIECH RESTAURANT ⚑

Dieses urige Restaurant ist bei Einheimischen (und Mark Zuckerberg!) für seinen Fisch unheimlich beliebt und fast immer voll, für ein romantisches Dinner also weniger geeignet. Der Klassiker ist frittierter Tilapia mit *Kachumbari* und *Ugali*. Stilecht isst du hier mit den Händen. *Tgl. | Marcus Garvey Road | Kilimani | Tel. 07 01 70 70 70 | € | ⊞ 0*

OSTERIA DEL CHIANTI

Italiener mit großer Auswahl an Steinofenpizzen, selbst gemachter Pasta sowie Fisch- und Fleischgerichten. Abends sind es nach dem Essen nur ein paar Schritte in die benachbarte Cocktailbar *Casablanca*. Die Osteria hat u. a. auch Zweigstellen im Village

Market *(Gigiri)* und in Karen. *Tgl. | Lenana Road | Tel. 07 24 27 73 32 | €€ | ⊞ 0*

CHOWPATY

Das fleischfreie indische Restaurant befindet sich mitten im geschäftigen Foodcourt eines von indischstämmigen Kenianern frequentierten Einkaufszentrums.

INSIDER-TIPP
Im 7. Veggie-Himmel

==Die günstigen und schnellen Gerichte schmecken nicht nur Vegetariern.== Vor allem die *dosa,* knusprige, gefüllte Pfannkuchen, sind sehr zu empfehlen. *Tgl. | Diamond Plaza | Westlands | chowpatyrestaurants.com | € | ⊞ 0*

NYAMA MAMA

Kenianische Küche mit einem modernen Twist – das verspricht Mama Nyama. Ob sie das einhalten, davon kannst du dich bei *Ugali Fries,* Maisbrot und Rippchen überzeugen. Jeden Mittwochabend erwartet dich außerdem ein kostenloses Highlight: 🐘 Dann verwandelt sich das Restaurant in die Bühne der *Jamhuri Jam Sessions,* einer Konzertreihe, bei der die heißesten jungen Talente der Hauptstadt performen. *Tgl. 12–23 Uhr | PWC Tower | Chiromo Road | Westlands | thegoodearthgroup.com | €€ | ▥ 0*

INSIDER-TIPP
Hippe Küche, junge Talente

URBAN EATERY

Wenn du dir noch nicht sicher bist, ob es Sushi, Indisch, Steak oder Pasta sein soll: Hier sind mehrere Restaurants unter einem Dach, und jeder bestellt, was er oder sie will. Leckeres Essen, gute Cocktails, urbane Atmosphäre. *PWC Tower | Chiromo Road | Westlands | urbaneatery.co.ke €€ | ▥ 0*

OPEN HOUSE

Von außen unscheinbar, ist das *Open House* eines jener indischen Restaurants, die auch von Kenias kritischer indischstämmiger Bevölkerung besucht werden. Nordindiens Tandoorigerichte aus dem Lehmofen gibt es hier ebenso wie die scharfe Küche Südindiens mit Biryanis und Currys. *Tgl. | Centro House | Westlands | openhouserestaurant.co.ke | €€ | ▥ 0*

FURUSATO

An den Teppanyaki-Tischen bei Nairobis bestem Japaner bereitet der Koch auf der heißen Tischplatte vor deinen Augen Fisch, Krabben, Straußenfilet und andere Köstlichkeiten zu. Wer

Das Carnivore ist berühmt für seine üppigen Fleischgerichte

eher Sushi mag, kann sich getrost aus der großen Auswahl bedienen: Was am Abend an der Sushibar zubereitet wird, wurde meist erst am selben Tag aus dem Meer gezogen. Am Wochenende reservieren! *Tgl. | Ring Road Parklands | Westlands | Tel. 07 22 48 87 06 | €€ | ▥ 0*

ABOUT THYME

Perfekt für den entspannten Lunch. Du sitzt mit einem Cocktail in der Hand mitten im Grünen und lässt dir originelle kontinentale, asiatische und afrikanische Gerichte servieren. *Mo geschl. | Eldama Ravine Road (off Peponi Rd.) | Westlands | about-thyme. com | €€ | ▥ 0*

AMAICA RESTAURANT 🚩 🍽

Restaurant mit authentisch kenianischer Küche: Hier probierst du Ugali, Matoke und viele andere Landesspezialitäten zu günstigen Preisen. Vor allem mittags und am Wochenende ist das großzügige, rustikale Lokal gut besucht. Kinder können sich auf einem riesigen Spielplatz austoben, während die Eltern noch essen. *Tgl. | Getathuru Gardens, off Peponi Road (hinter Spinners Web) | Tel. 07 24 47 76 63 | amaica.co.ke | € | ▥ 0*

CARNIVORE

Der Name ist Programm: Hier schneiden Kellner das brutzelnde Fleisch von Spießen direkt auf den Teller. Die Zeiten, als Krokodil oder Antilope serviert wurde, sind (aus Naturschutzgründen) vorbei. Samstag Livemusik und Disko. Eine weniger touristische Alternative ist der *Simba Saloon* eine Tür weiter, wo die Kenianer saftige Steaks zu sich nehmen. *Tgl. | Langata Road, hinter Wilson Airport | Tel. 07 33 61 16 08 | €€ | ▥ 0*

JAVA COFFEE HOUSE

Kaffeespezialitäten aus selbst geröstetem Kaffee sowie zum Essen Burger, Steaks und Fish 'n' Chips stehen im Mittelpunkt der kenianischen Schnellrestaurantkette. *ABC Place | Westlands; Adams Arcade | Ngong Road; Mama Ngina Street; Limuru Road | Gigiri; Ring Road | Kileleshwa Sarit Centre | Westlands | € | ▥ 0*

SHOPPEN

MADE FOR KENYA

Hier bieten junge, hippe Designer aus Kenia ihre Waren an. Nicht nur schicke Roben und Taschen findest du hier, auch Mitbringsel jenseits der Afrika-Klischees wie modernen Schmuck oder edle Körperöle. *The Alchemist, Parklands Road | Westlands | ▥ 0*

THE BOOK CENTER

Gute Auswahl an Landkarten, Büchern aus und über Afrika und Reiseführern. *Sarit Center | Westlands und Village Market | Gigiri | ▥ 0*

APDK FAIR TRADE SHOP

In diesem Laden der *Association for the Physically Disabled of Kenya* kannst du günstig alle möglichen hübschen Mitbringsel kaufen, von Stofftaschen über kleine Tierschnitzereien bis zu Gemälden. *Wayaki*

Way, gegenüber ABC Place | Westlands | 📖 *0*

SPINNERS WEB
Hier gibt es authentisches Kunsthandwerk von fair bezahlten Werkstätten und Kooperativen zu Festpreisen, liebevoll ausgestellt in einem großzügigen Herrenhaus. Auch gut, um ein Gefühl für Preise auf den Märkten zu entwickeln. *1.3a Kitisuru Road | Spring Valley |* 📖 *0*

MASSAI-MARKT
Auf bunten Teppichen legen die Massaihändler ihre Waren aus: von Schnitzereien über Schmuck, Tücher und Taschen bis zu Souvenirs aller Art. Achtung: Hier muss man kräftig handeln! *Do in der Junction Mall | Ngong Road; Fr im Village Market | Gigiri |* 📖 *0*

SANDSTORM
Die kenianische Manufaktur hat sich auf Produkte aus Segeltuch spezialisiert, außer Zelten gibt es Reise- und Handtaschen. Seit einigen Jahren ist eine edle Linie aus Rinds- und Kamelleder dazugekommen. Die Verarbeitung ist erstklassig, die Preise sind nicht günstig, aber angemessen. *Village Market | Gigiri |* 📖 *0*

TOI MARKET

INSIDER-TIPP
Authentisch
einkaufen

Auf diesem teilweise überdachten Markt shoppen viele Einheimische, auch aus dem angrenzenden Viertel Kibera. Hier bekommst du vor allem Secondhand-Klamotten, aber auch Neuware sowie gutes Obst und Gemüse. Mit ein bisschen Verhandlungsgespür lassen sich absolute Schnäppchen reißen! *Eingang bei Adams Arcade (off Ng'ong Road) |* 📖 *0*

SHOPPING MALLS
In den modernen Einkaufszentren, in denen die kenianische Mittelschicht ihr hart verdientes Geld wieder unter die Leute bringt, gibt es neben Supermarktketten wie Chandarana oder Carrefour auch Kinos und Läden für jeden Bedarf: *Junction (Ngong Road), Sarit Centre (Westlands), Westgate (Westlands), Village Market (Gigiri)* und *Yaya Centre (Argwings Kodhek Road).*

SPORT & SPASS

PFERDERENNEN
Beim *Jockeyclub of Kenya* scheint die Zeit stehen geblieben zu sein: So wie die pferdebegeisterten Herrschaften hier am Sonntagnachmittag die Rennen begutachten und ihre Wetten abgeben, hat es wohl schon Karen Blixen gemacht. *Meist jeden 2. So im Monat, keine Rennen im Aug./Sept. | Ngong Road | Eintritt ca. 2 Euro | jockeyclubofkenya.com |* 📖 *0*

YOGA
Unter jungen Kenianern nicht nur indischer Herkunft wird Yoga immer beliebter. Es gibt mehrere gute und günstige Studios:
– *Acacia Studios | Wayaki Way | Westlands | acacia studios.com |* 📖 *0*

Prächtige Farben sind immer in: Händlerinnen auf dem Massai-Markt

– Africa Yoga Project | Diamond Plaza | Westlands | africayogaproject.org | 🚇 0

– Bikram Yoga Nairobi | Lavington Mall | Lavington | bikramyoganairobi.com | 🚇 0

INSIDER-TIPP
Elegante Verdrehungen

Wer es besonders ausgefallen und akrobatisch mag, sollte sich nicht die Aerial Yoga-Kurse von AER Africa (wechselnde Locations | aerafrica.com) entgehen lassen.

WELLNESS

MASSAGE

Nichts tut so gut gegen Großstadtstress wie ein Besuch im Spa: Von der Kopfmassage bis hin zum ganztägigen Wohlfühlprogramm ist alles möglich, z. B. im Aromatics Spa (101 Manyani East Road (off James Gichuru Road) | Kilimani | Tel. 07 22 42 59 05 | aromaticsspa.com | 🚇 0) oder im TJays Salon and Spa (906 James Gichuru Road | Kilimani | Tel. 0732 298999 | facebook: TJays Salon and Spa | 🚇 0).

Die Preise sind deutlich niedriger als in Europa.

AUSGEHEN & FEIERN

KLUB HOUSE K1

Afrikanische Musik (DJs und live), lockeres Dekor und eine immer gut gelaunte Gästeschar machen das K1 zu einem der Orte, wo man gelassen die Nacht durchtanzen kann. Ojijo Road | Parklands | 🚇 0

Mitwippen zu kenianischen Rhythmen im Bomas of Kenya

MUZE

Der Nachtclub im Herzen von Westlands mit dem Motto „Dance different" hat ein vielfältiges Programm: von House-Musik und Afro-Partys, über Live-Hip-Hop, bis zu Mixologieabenden. Die audiovisuellen Installationen sind erstklassig. *Woodvale Avenue | muzeclub.com | ☐ 0*

THE BAR NEXT DOOR

Lokale Bar im „shabby chique"-Stil. Gute Getränkeauswahl, sogar an Single Malt Whiskies. *Othaya Road | Kilimani | Tel. 0114520819 | ☐ 0*

BLACK DIAMOND CLUB

In dieser Bar tanzen Nairobis standfeste Nachtschwärmer vor allem am Wochenende bis in die frühen Morgenstunden. Wochentags ist es deutlich ruhiger, außer dienstags, wenn Karaoke angesagt ist. *Mpaka Road | Westlands | ☐ 0*

THE ALCHEMIST ★ 🎭

The Alchemist ist schwer zu beschreiben – dieses Gelände schlüpft ständig in neue Rollen: Bar, Club, Basar, Streetfood-Tempel, Musikstudio, Comicbuchladen, Tattoostudio, Kino, Café ... Auf gemütlichen Palettenbänken mit bunten Kissen trifft man hier die junge, hippe Szene Nairobis. Die von Street-Art inspirierte Innenarchitektur diente schon manchem Musikvideo als Kulisse. Viele Veranstaltungen und Konzerte sind umsonst, erkundige dich am besten vorher auf der Website. *Parklands Road | Westlands | alchemist254.com | ☐ 0*

BEIT É SELAM

Die während der Coronapandemie eröffnete Bar glänzt mit hipper Atmo und afrikanisch inspirierten Gerichten. Göttlich: die Corn ribs („Rippchen" aus Maiskolben) und der mehlfreie Schokokuchen mit Amarula-Eiscreme. Ab und zu springt der äthiopische Besitzer höchstselbst hinter die Turntables. Reservier möglichst rechtzeitig einen Tisch über die Website und gib dort unter „Special requests" an, dass du am Kamin sitzen möchtest. *4 Maua Cl | Westlands | eatapp.co/reserve/mawimbi-f9c3b9 | ☐ 0*

INSIDER-TIPP
Bester Platz gesichert

MERCURY LOUNGE

Moderne Yuppiebar, ausgestattet mit viel Chrom, Stahl und Glas. Zur gro-ßen Auswahl von Cocktails und Tapas dröhnt elektronische Musik aus den Lautsprechern. *ABC Place | Waiyaki Way | Westlands* | ⌨ 0

TAMAMBO TAPASBAR

Versteckt in einem hinteren Winkel der Village-Market-Mall verbirgt sich der Treffpunkt für Jazz- und Funk-Lieb-haber. Freitags und samstags gibt es gute Live-Acts. *Village Market | Gigiri* | ⌨ 0

POP-UP-EVENTS

Ein stillgelegter Bus, ein Hinterhof, ein Museum, eine Galerie – überall finden in Nairobi Pop-up-Events statt. Wer weiß, wann und wo, findet improvisierte Küchen, Partys, Austellungen, Mode-märkte und vieles mehr. Hier wird gemeinsam gefeiert, gegessen, ge-nossen und gequatscht. *Pop up Nai-robi (popupnairobi.com)* kocht mal

INSIDER-TIPP
Heute hier, morgen weg

hier und mal da, in *The Bus (facebook: thenrbbus)* finden viele Events mit Medienbezug statt. Weitere Locations für unterschiedlichste Events sind das *Michael Joseph Center (safaricom. co.ke/michaeljosephcentre)* oder der *Sarakasi Dome (sarakasi.org/sarakasi-dome)*. Was in Nairobi wann los ist, erfährst du aus den Tageszeitungen, der wöchentlich erscheinenden Gra-tiszeitung *Kenya BUZZ (kenyabuzz. com)*, die kostenlos in Cafés und Ein-kaufszentren ausliegt, und auf dem Kunst- und Kulturblog *Nairobi Now (nairobinow.wordpress.com)*.

RUND UM NAIROBI

BOMAS OF KENYA

11 km/25 Min. von Nairobi (per Auto über die Langata Road)
Das Freilichtmuseum vermittelt einen Eindruck von der ethnischen Vielfalt Kenias: Hier kannst du die Hütten di-

HAUPTSTADT-BLUES

Obwohl westafrikanische Musik weltweit immer noch bekannter ist, muss sich die ostafrikanische Me-tropole Nairobi in Sachen Hype nicht mehr verstecken. Hier ver-mischt sich der eher etablierte Ben-ga-Gitarrensound mit Afrobeat, Electro und Jazz. Posterboys dieses Fusionsounds sind *EA Wave (eastaf ricanwave.com)* und andere Vertre-ter der Bewegung *Nairobi Under-ground (facebook: Nunairobi)*. Beim ersten Hinhören irritiert der Sound, dann wird es richtig gut. Um die Musik zu verstehen, sollte man sie live erleben: Gute Anlauf-stellen sind *J's Westlands*, *The Al-chemist Bar* oder die Lagerhalle *The Go Down Arts Centre (Industrial Area | thegodownartscentre.com)*.

verser Stämme besichtigen und mit den „Bewohnern" ins Gespräch kommen. Massai in Kriegsschmuck etwa lassen sich hier – anders als im Rest des Landes – gern fotografieren. Mo–Fr ab 14.30 Uhr (Sa/So 15.30 Uhr) legen sie auch eine Tanzvorführung ein. *Tgl. 8–17 Uhr | Eintritt ca. 9 Euro | Langata Road | Langata | bomasofkenya. co.ke |* ⏱ *3 Std. |* ▭ *F7*

KAREN-BLIXEN-HAUS ⚑

18 km/35 Min. von Nairobi (per Auto über Langata Road und Bogani Road)

Auch wenn die afrikanische Kolonialgeschichte natürlich kritisch zu betrachten ist: Das Haus, in dem die dänische Baronin Karen Blixen 17 Jahre lang als Kaffeefarmerin verbrachte, wurde durch die Verfilmung ihrer Autobiografie („Jenseits von Afrika" mit Meryl Streep und Robert Redford) weltberühmt. Im Haus und im Garten in dem mutmaßlich nach der Baronin benannten Stadtteil bekommt man ein Gefühl dafür, wie das Leben der Siedler Anfang des vergangenen Jahrhunderts ausgesehen hat. *Tgl. 9.30–18 Uhr | Eintritt ca. 11 Euro | Karen Road | Karen |* ⏱ *1 ½ Std. |* ▭ *F7*

NGONG-BERGE

25 km/1 Std. von Nairobi (per Auto über Ngong Road)

Von den Hügeln, die aus der Ferne aussehen wie Fingerknöchel (das bedeutet *Ngong* in der Sprache der Massai), genießt man einen atemberaubenden Ausblick ins Rift Valley, den ostafrikanischen Grabenbruch. Bei klarer Sicht kannst du von hier sogar den Gipfel

des gut 300 km entfernten Kilimandscharo sehen. Die Anfahrt ist unproblematisch. Für die Wanderung selbst ist es aber nötig, einen bewaffneten Polizisten (an der Eintrittsbarriere gegen geringen Betrag) mitzunehmen: Es hat hier schon häufiger Überfälle gegeben. ▭ *F8*

AFRICAN HERITAGE HOUSE ☂

22 km/40 Min. von Nairobi (per Auto über die A104)

Das Haus des Kunstsammlers Alan Donovan ist schon von außen ein Kunstwerk: Die interessante Lehmarchitektur ist westafrikanischen Traditionen nachempfunden. Drinnen hütet Donovan eine beeindrucken-

Kiambethu Farm – kein Land exportiert mehr Tee als Kenia

de Sammlung von afrikanischer Kunst und Kunsthandwerk. Von der Dachterrasse blickst du direkt in den Nairobi-Nationalpark. Auf Voranmeldung kann man das Haus besuchen, die Kunstsammlung besichtigen, sich mit dem Hausherrn unterhalten oder auch zu Mittag essen, auch Übernachtungen sind möglich *(€€€)*. *Tel. 0721 51 83 89 | africanheritage house.info |* 🗺 *G7–8*

KIAMBETHU FARM ⚑

33 km/1 Std. von Nairobi (per Auto über Limuru Road und Banana Raini Road)
Kenia ist die größte Tee-Exportnation der Welt. Wer sehen will, wie die Teepflanzen gehegt, die Blätter geerntet und verarbeitet werden, kann das auf *Kiambethu Farm* der Familie McDonell, die hier seit 100 Jahren Tee kultiviert. *Limuru | Rundgang und Mittagessen ca. 30 Euro | kiam bethufarm.com |* ⏱ *3 Std. |* 🗺 *F7*

FOURTEEN FALLS

66 km/1 ½ Std. von Nairobi (per Auto über die A2 bis Thika, dann A3)
Vor den Toren Nairobis bildet der Athi River eine wildromantische Landschaft mit vierzehn hintereinanderliegenden Wasserfällen. Am Wochenende ein beliebter Treffpunkt für Kenianer und Expats, die hier picknicken. 🗺 *G–H7*

DER SÜDWESTEN

LAND DER LÖWEN UND ANTILOPEN

Der Südwesten ist Safariland: Wer wegen der Tierwelt nach Kenia reist, kommt um die Masai Mara nicht herum. Zu ihren Stars gehören Löwen, die sich in der lichten Savanne faul die Sonne auf den Pelz scheinen lassen, und Geparden, die in Turbogeschwindigkeit Antilopen zu Fall bringen.

Das Rift Valley lockt mit atemberaubenden Panoramen. Nicht weit von Nairobi entfernt geht es abrupt in die Tiefe. Der Große Grabenbruch zieht sich über 6000 km vom Toten Meer bis nach Mosambik.

Unter wachsamen Augen: Löwinnen in der Masai Mara

Seit 18 Mio. Jahren bewegen sich hier zwei Landmassen auseinander – die Folge ist vulkanische Aktivität, die bis heute anhält. Der fast 500 km lange Graben teilt das Land von Nord nach Süd. Mittendrin liegen Kenias große Seen. Die meisten sind mit alkalischer Lauge statt mit Frischwasser gefüllt. Malerische Vulkankegel erheben sich aus der Talsohle. Weiter westlich beginnen endlose Teeplantagen, unterbrochen vom tropischen Kakamega-Wald. Ganz im Westen liegt Kenias zweite Küste am Viktoriasee, dem größten des Kontinents.

DER SÜDWESTEN

Bukwo

Kapenguria

A1

TRANS
NZOIA

Saiwa Swamp
National Park

7

Kibuku

Mbale

8

Mount Elgon
National Park

Kitale
S. 101

UGANDA

Busembatia

A104

Tororo

BUNGOMA

Webuye

Turbo

B2

UASIN
GISHU

Eldoret

Iganga

T109

A104

Busia

Matungu

Nzoia

A1

BUSIA

Kakamega

Kakamega
National Park

3

★

B1

KAKAMEGA

NANDI

Sidindi

SIAYA

Lunyerere

178 km, 3 ½ Std.

Kogelo

4

C27

Kisumu
S. 98

Winam
Gulf

KISUMU

KERICH

Sondu

Kericho

5

Rusinga Island

6

Oyugis

NYAMIRA

Homa Bay

HOMA BAY

C20

Kisii

Chepilat
Town

KISII

B3

Gucha

A1

BOME

Awendo

NAKURU

MIGORI

Migori

Shirati

C13

Tarime

Masai Mara
S. 94

★

Musoma

T4

Mara

Lake

Victoria

TANZANIA

30 km
18.65 mi

Kukirango

Mugumu Town

MARCO POLO HIGHLIGHTS

★ **MASAI MARA**
Löwen, Leoparden und Geparden: In
Kenias berühmtestem Nationalreservat
warten die Big Five und vieles mehr
➤ S. 94

★ **LAKE NAKURU**
Ein Traum in Rosa: Der Nationalpark ist
die Heimat Tausender Flamingos und
zahlreicher Nashörner ➤ S. 97

★ **HELL'S GATE NATIONAL PARK**
Nirgendwo sonst kommt man an
Wildtiere so nah ran – vom Fahrradsattel
aus! ➤ S. 96

★ **KAKAMEGA NATIONAL PARK**
Ein Stück Regenwald: In Baumriesen
hausen Affen, dazwischen flattern
seltene Schmetterlinge ➤ S. 99

185 km, 3 ½ Std

66 km, 1 ½ Std

Lake Nakuru ★
S. 97

2 Lake Elmentaita

Lake Naivasha
S. 96

Hell's Gate National Park ★

1 Olorgesailie

Thika

Nairobi

Machakos

Lake Magadi
S. 94

Kapsowar

Iten

Kabarnet

Maji Mazuri

Molo

Nakuru

Nyahururu

Nanyuki

Naro Moru

Karatina

Gilgil

Narok

Suswa

Kimende

Kikuyu

Joska

Kitengela

Kajiado

TURKANA

BARINGO

KENYA

Lake
Baringo

Lake
Bogoria

NAKURU

NYANDARUA

MERU

NYERI

EMBU

MURANG'A

Kambiti
Town

KIAMBU

NAROK

KAJIADO

MACHAKOS

LAKE MAGADI

(⬚ E8–9) **Eine Szenerie wie von einem fremden Planeten: Nur anderthalb Autostunden von Nairobi entfernt liegt der zweitgrößte Sodasee der Welt. Statt Wasser bedeckt eine im heißen Sonnenlicht weiß-rosa flirrende, dicke Kruste die flache Seepfanne.**

So heiß wie hier ist es fast nirgends sonst in Kenia: 40 Grad sind keine Seltenheit. Das meiste Seewasser verdampft deshalb, übrig bleibt Soda, das hier im großen Stil abgebaut wird. Die Arbeit ist hart, aber lukrativ: Wer eine Stelle bei *Magadi Soda* antritt, verdient gut und wohnt in einem der modernen Reihenhäuser, an denen man auf dem Weg zum See vorbeifährt. Ein Damm führt sicher über die unwirkliche Oberfläche. Von hier aus lassen sich Pelikane und Flamingos auf den spärlichen Wasserflächen beobachten.

RUND UM LAKE MAGADI

1 OLORGESAILIE 🐾

40 km/40 Min. von Lake Magadi (per Auto über die C58)

Auf halber Strecke zwischen Nairobi und dem Magadisee befindet sich die prähistorische Fundstelle von *Olorgesailie,* wo Mary und Louis Leakey in den 1940er-Jahren Überreste und Werkzeuge des Homo erectus entdeckten. Vor 200 000 Jahren befand sich hier ein See, an dessen Ufer zahlreiche Tiere und Vorfahren des Menschen lebten. Von Stegen aus kannst du die Grabungen beobachten. Im angeschlossenen *Museum (Mo–Fr 8.30–17.30 Uhr | Eintritt frei | ⏱ 1 ½ Std.)* werden dem Besucher die Zusammenhänge erklärt. Neben der Ausgrabungsstätte stehen *Bandas* (Hütten), die günstig vermietet werden *(ca. 9 Euro/Nacht).* ⬚ F8

MASAI MARA

(⬚ C–D 7–8) **Der „König der Löwen" lässt grüßen: Die ⭐ 🚩 Masai Mara (1510 km²) ist ein Muss für jeden, der zur Fotosafari nach Kenia kommt – nicht nur von August bis Oktober, wenn die große Migration im Nationalpark Station macht.** In der von Akazienwäldern und Hügeln durchbrochenen, meist offenen Savanne sieht man so viele Tiere wie in keinem anderen Nationalpark. Löwen und Geparden leben hier; Hyänen und Schakale sind oft zu sehen. Dazu streifen Zebras, Antilopen, Büffel und andere Herdentiere durch die Savanne. Die Masai Mara ist mit dem Auto von Nairobi aus in 5–6 Stunden zu erreichen. Dabei führen die letzten 2 Stunden über eine extrem holprige, ungeteerte Straße.

SIDER-TIPP
Nichts für schwache Wirbel

Wer Rückenprobleme hat, sollte hier vorsichtig sein und sich am besten vorn ins Fahrzeug setzen, da es hinten noch mehr hüpft.

Kleine Flieger steuern regelmäßig die Landestreifen in und um die Masai Mara herum an. Ein klassisches *Package* mit Hin- und Rückreise und zwei Übernachtungen gibt einen guten Einblick in die Wunder dieses Naturschutzgebiets. *Parkeintritt 80 US $*

SIGHTSEEING

TIERWANDERUNG

Jedes Jahr wiederholt sich das größte Spektakel, das die Tierwelt zu bieten hat. Wenn in der südlich gelegenen Serengeti die Nahrung ausgeht, versammeln sich Hunderttausende Gnus, Zebras und Antilopen zu einer Wanderung, die bis zu drei Millionen Tiere in die Masai Mara führt. Sobald in der Mara die Nahrung wieder knapp wird, geht es zurück. Engpass in beide Richtungen ist der Mara-Fluss, den die Tiere überqueren müssen: Dazu sammeln sie sich zu Tausenden zunächst zögerlich am Ufer, bis sich die ganze Herde wie auf ein geheimes Zeichen hin in die von Krokodilen wimmelnden Fluten stürzt. Der Boden bebt, ein kollektives Stöhnen liegt in der Luft, der Strom färbt sich blutrot – ein archaisches Naturerlebnis, das man mit allen Sinnen wahrnehmen kann. Tiere, die die Krokodile überleben, werden häufig Opfer der Raubkat-

Fotogen: Zebras in der Masai Mara

zen, die während der Migration ein Festmahl feiern.

SPORT & SPASS

HEISSLUFTBALLON

Frühmorgens über Tierherden hinwegschweben, die Lautlosigkeit nur ab und zu vom Fauchen des Gasbrenners unterbrochen: ein einmaliges Erlebnis. An klaren Tagen reicht der Blick weit über die Masai Mara hinweg. Aus der Höhe sieht man die Herden durch die Savanne ziehen, wandern nur wenige Meter unter dir Elefanten oder streift ein Löwenrudel. *Buchung über alle Lodges | Preis ca. 450 US $*

LODGES

BASECAMP MARA

Voll ökologisches Camp mit Solarpanelen, Komposttoiletten und vollem

Komfort. Zelte mit Holzbalkonen und angeschlossene Duschen unter dem Sternenhimmel. *Tel. 07 25 27 97 68 | basecampexplorer.com | C8*

MARA BUSHTOPS

Luxuriöser kann Safari nicht sein: Die riesigen Zelte mit Veranda (und Pool!) sind so gemütlich, dass man den ganzen Tag hier verbringen könnte. Wenn die Sonne untergeht, lockt der Sundowner am Lagerfeuer, dann ein Dinner plus Wein. *Tel. 07 27 69 54 52 | bushtopscamps.com/mara | C-D8*

MARA SERENA

Die als Häuschen entlang einer Dorfstraße gestalteten Zimmer haben alle Blick auf den Mara. Mit Glück beobachtest du Gnuherden, wie sie den Fluss queren. *Tel. 07 32 12 33 33 | serenahotels.com | C7–8*

MARA SIRIA

Der Blick vom Frühstückstisch auf den Fluss ist atemberaubend, die Lage am Rand des Siria-Plateaus einmalig. Den Titel „ökologisches Luxuscamp" nehmen die deutschen Betreiber ernst: Der Komfort ist hoch, der Fußabdruck, den die Gäste in der Wildnis hinterlassen, dennoch minimal. *Tel. 02 07 65 00 66 | mara-siria-camp.com | C7*

LAKE NAIVASHA

(E-F6) **Nur eine Stunde auf der gut ausgebauten Schnellstraße** **von Nairobi entfernt liegt der Naivashasee, einer der nur zwei Süßwasserseen im Grabenbruch – von der Hauptstadt aus ein idealer Tagesausflug.**

Das einst idyllische Ufer ist inzwischen von Blumenfarmen gesäumt, die dem See Wasser entziehen. Aus dem früher schläfrigen Bauerndorf *Naivasha* ist zudem eine von Arbeitern und Arbeitssuchenden bevölkerte Ortschaft geworden, die man nachts meiden sollte. Urlauber zieht es vor allem in eine der Lodges, die reiche Kenianer am Ufer errichtet haben, häufig mit eigenen Gärten, durch die Wildtiere auf der Suche nach Wasser laufen – da fühlt man sich fast wie im Nationalpark.

SIGHTSEEING

CRESCENT ISLAND

Auf der kleinen, sichelförmigen Insel leben Gazellen und Wasserböcke, zwischen denen man spazieren gehen kann. Zu erreichen ist die Insel mit dem Boot und mittels verschiedener Anbieter oder mit dem Auto. *Eintritt 30 US $, Studenten 20 US $ | crescentisland.co*

HELL'S GATE NATIONAL PARK

Hell's Gate ist einer der wenigen Nationalparks in Kenia, den man ganz ohne Ranger erkunden kann – zu Fuß oder mit dem Rad. Besonders lohnend: der ausgeschilderte Wanderweg durch eine malerische Schlucht zum 25 m hohen Vulkankegel *Fischer's Tower,* der nach einem deutschen Entdecker benannt ist. *Parkeintritt 30 US $*

MOUNT LONGONOT

Hast du schon mal einen ruhenden Vulkan bestiegen? Statt brodelnder Lava erwartet dich auf Mount Longonot auf 2776 m Höhe eine wunderschöne, grüne Kraterlandschaft, nur 60 km entfernt von Nairobi in Richtung Naivasha gelegen. Mit dem Erwandern des Vulkans beginnt man möglichst früh morgens. Der Auf- und Abstieg dauert etwa zwei Stunden, für eine Kraterumrundung musst du weitere zwei Stunden Fußmarsch einplanen.

INSIDER-TIPP
Vulkanbezwinger

Das Ganze kannst du sogar auf eigene Faust ohne Ranger in Angriff nehmen, eine Begleitung kannst du also getrost ablehnen und so Geld sparen. *Parkeintritt 30 US $*

LAKE NAKURU

(📖 E5) **Der ⭐ Nakurusee ist Kenias Vogelparadies: Neben Pelikanen, Kormoranen, Reihern und Ibissen färben Tausende Flamingos den See pink, wenn sie auf ihrer Durchreise Station machen.**

Auch Breitmaulnashörner sind nirgends so häufig zu sehen wie hier. Weil der Park mit einem Zaun umgeben ist, der die umliegenden Farmen schützen soll, leben die Nashörner gut geschützt – ebenso wie die seltenen Rothschild-Giraffen. Die intensive Landwirtschaft macht den Tieren dennoch zu schaffen: Der See schrumpft stetig. *Parkeintritt 70 US $*

Tausende von Flamingos verwandeln den Lake Nakuru in ein rosafarbenes Meer

Straßenszene in Kisumu, der lebhaften Stadt am Viktoriasee

ESSEN & TRINKEN

LAZYBONES 👥

Gemütliches Restaurant mit kleinem Kinderspielplatz. Gute Burger und Pizzen, das Flusskrebs-Swahilicurry solltest du aber auch probieren! Das Campteam organisiert auch Bootstouren auf dem angrenzenden Naivashasee – mit der Chance Flusspferde zu sichten! *Tgl. 6–1 Uhr | campcarnelleys.com |€€*

INSIDER-TIPP
Erst Flusskrebse, dann Flusspferde

RUND UM LAKE NAKURU

2 LAKE ELMENTAITA

55 km/1 ½ Std. von Nakuru (per Auto über die A104)

Der früher touristisch kaum erschlossene See mausert sich: Hier sind die Ufer noch frei zugänglich, und die Natur ist noch fast unberührt. Der Sodasee ist die Heimat vieler Vogelarten, auch Flamingos brüten hier. Über einige Lodges, z.B. die *Sunbird Lodge (Tel. 07 15 55 57 77 | sunbirdkenya. com)* kann man ein einmaliges Erlebnis buchen: eine Ballonfahrt in den Sonnenaufgang. Am Horizont ragen die Aberdares auf, unter dir der glitzernde See und die rosafarbenen Flamingos … ◫ *E5–6*

KISUMU

(◫ B5) **Die gemütliche Stadt am Kavirondo-Golf, einem Ausläufer des Viktoriasees, ist Zentrum und Tor zum dicht besiedelten Westen Kenias. Mehr als eine halbe Million Menschen leben hier, viele von ihnen als Fischer, die jeden Tag in den Golf oder auf den offenen See hinausfahren.**

Entlang der Oginga Odinga Road gibt es die meisten Geschäfte. Lebendig geht es auf dem Markt zu, wo die Fischer ihren Fang anlanden. Die in Kisumu lebenden Luo, Kenias drittgrößte Volksgruppe, sind bis heute ihren Traditionen eng verbunden. Jeder Luo muss nach dem Tod in seinem Heimatdorf begraben werden, damit sein Geist nicht die Familie verfolgt. Und in entlegenen Fischerdörfern hat der Zauberheiler bis heute mehr Einfluss als der gewählte Bürgermeister.

Malaria ist rund um den Viktoriasee so verbreitet wie nirgends sonst in Kenia. Du solltest dich unbedingt vor Stichen schützen und womöglich für Prophylaxe sorgen. Im See baden sollte man nicht, das Wasser ist fast überall mit Bilharziose verseucht.

Ein Nachtzug verbindet Nairobi und Kisumu (Fahrtzeit ca. 12 Std.); etwas schneller geht es mit den Bussen, die allerdings gerade auf dieser Strecke für ihre rücksichtslose Fahrweise (und viele Unfälle) berüchtigt sind. Am schnellsten kommt man mit dem Flugzeug nach Kisumu. Der kleine Flughafen wird mehrmals täglich angeflogen.

SIGHTSEEING

KISUMU MUSEUM

Wie sieht ein traditionelles Haus der Luo aus? Welche Tiere und Pflanzen gibt es in der Region? Das und einiges mehr kannst du in dieser kleinen Ausstellung herausfinden. *Tgl. 8–18 Uhr | Eintritt ca. 4 Euro | Nairobi Road | ⏱ 1 ½ Std.*

IMPALA SANCTUARY

Kleiner Park am Rand des Viktoriasees, der Spaziergängern fußläufig vom lauten Stadtzentrum eine erholsame Verschnaufpause bietet. Im Park laufen Impalas frei herum, im nahen *Kiboko Bay Resort* kann man den Blick auf den See genießen. *Tgl. 8–17 Uhr | Eintritt 25 US $*

HIPPO POINT

Wenn die Sonne im See versinkt, kann man ihr an dieser ausgeschilderten Stelle südlich der Stadt (nahe Sunset Hotel) dabei zusehen – und einen Sundowner zu sich nehmen, denn die Terrasse mit Ausblick gehört zu einem kleinen Restaurant direkt am Ufer. Manchmal tummeln sich hier auch Flusspferde im Wasser.

RUND UM KISUMU

🖪 KAKAMEGA NATIONAL PARK ⭐

54 km/1 ½ Std. von Kisumu (per Auto über die A1)

Umgeben von Farmland erhebt sich majestätisch Kenias letzter Rest eines dichten Regenwaldgürtels, der sich einst vom Kongobecken bis tief nach Kenia hinein erstreckte. Von Nairobi aus gibt es mehrmals wöchentlich direkte Flüge mit *Fly540* (s. S. 130) hierher. In den jahrhundertealten Baumriesen leben sieben verschiedene Affenarten, unter ihnen der imposante, schwarz-weiß gefärbte Colobus und der ulkige Potto, ein nachtaktiver Faulnasenaffe, der sich von Baum zu Baum schwingt. Mehr als 400 zum Teil prächtige Schmetterlingsarten sind ebenso im Kakamega beheimatet wie über 350 Vogelarten. Am schönsten ist ein Besuch zwischen April und Juli, wenn es überall üppig grünt und blüht. Für Naturromantiker ein wahr gewordener Traum. *Parkeintritt 25 US $ | ⅏ B–C4*

4 KOGELO

60 km/1 ½ Std. von Kisumu (per Auto über die B1 und C27)

Folg den Elefantenpfaden zur Kitum Cave

Das kleine Dorf Kogelo ist eine von Kenias neueren Touristenattraktionen: Hier ist der Vater von Barack Obama geboren und begraben, und Sarah, die Großmutter des ersten schwarzen US-Präsidenten, lebt hier bis heute. Die bescheidene alte Dame bestellt tagsüber ein kleines Maisfeld, wenn nicht gerade wieder eine internationale Delegation vorbeischaut.

Zu sehen gibt es vor allem ein für diese Region typisches Dorfleben und Schulen, Hütten und Ziegen (!), die nach Obama benannt sind. Wer sich Zeit nimmt und mit den Bewohnern ein Senator-Bier teilt, wird zudem viele Geschichten von Obamas zahlreichen Besuchen im Dorf zu hören bekommen. Ein Besuch in Kogelo ist ein perfekt für einen Tagestrip von Kisumu aus. ⅏ B5

INSIDER-TIPP
Plausch mit Obamas Nachbarn

5 KERICHO

84 km/1 ½ Std. von Kisumu (per Auto über die B1)

Kaum eine Region in Kenia ist klimatisch so stabil wie Kericho. Das ganze Jahr über hat es tagsüber solide 20–25 Grad. Zusammen mit der Höhenlage auf knapp 2000 m, den reichlichen und vorhersagbaren Regenfällen und den fruchtbaren Böden macht dieses Klima Kericho zur perfekten Teeanbauregion. Wenn morgens der Nebel über den Plantagen steht, kann man sich kaum sattsehen an der saftig-grünen Landschaft. Besichtigen kannst du die Plantagen und Teefabrik, in der die Blätter verarbeitet werden, z. B. mit *IntegriTour (integritour.com).* Aus der Region um Kericho herum stammt übrigens die Volksgruppe der Kalenjin. Diese haben Kenias berühmte Läufer hervorgebracht, die mittlerweile sämtliche Marathon-Weltrekorde halten! Bei diesen traumhaften Trainingsbedingungen kein Wunder … *C5*

6 RUSINGA ISLAND

100 km/3 Std. von Kisumu (per Auto über die C27 und C28, dann Fähre)
Strandurlaub einmal anders: Die kleine Insel im Viktoriasee ist nicht nur für Angler einen Besuch wert, die von hier aus Nilbarsch und Tilapia angeln, auch Strandurlauber kommen auf ihre Kosten. Auf Rusinga befindet sich zudem eine prähistorische Ausgrabungsstätte, wo Mary Leakey den Schädel des Proconsul Africanus, eines drei Millionen Jahre alten Vorfahren des Menschen, entdeckt hat.
Eine Statue ehrt Tom Mboya, einen der prominentesten Luo-Politiker, der 1969 unter bis heute ungeklärten Umständen in Nairobi ermordet wurde. *A5*

KITALE

(*C2)* **Am Fuß des mächtigen Mount Elgon, eines erloschenen Vulkans, liegt die kleine, von weißen Siedlern errichtete Siedlung.** Die Airline *Fly540* fliegt Kitale von Nairobi aus mehrmals wöchentlich an. Die kleine Stadt ist das Tor zu zwei nah gelegenen, weniger besuchten Nationalparks.

RUND UM KITALE

7 SAIWA SWAMP NATIONAL PARK

24 km/40 Min. von Kitale (per Auto über die A1)
Nur eine halbe Stunde Fahrt von Kitale entfernt liegt Kenias kleinster Nationalpark. Die einsame Sumpflandschaft lässt sich bequem zu Fuß erwandern. Von den Pfaden und den vier Aussichtstürmen kann man die seltene Sitatunga-Antilope beobachten. *Parkeintritt 25 US $ | C2*

8 MOUNT ELGON NATIONAL PARK

26 km/1 Std. von Kitale (per Auto über Kitale-Suam Road und E337)
Die verwunschene Wildnis wird nur von wenigen Urlaubern besucht und sollte aufgrund der teilweise schwer befahrbaren Straße am besten in einem Auto mit Allradantrieb erkundet werden. Vom Kitale am nächsten gelegenen *Chorlim Gate* startet man mit einem Ranger in den Park. Ein Marsch auf Elefantenpfaden durch Bambusdickicht und Gehölz führt u. a. zur *Kitum Cave,* einer Höhle, in der sich nachts die Elefanten sammeln, um das hier natürlich vorkommende Salz aufzulecken. *Parkeintritt 30 US $ | B2*

HIGHLANDS & DER NORDEN

ABENTEUERLICHES NIEMANDSLAND

Eine Reise in den Norden ist eine Reise in die unbekannte Hälfte Kenias. Über der grünen Landschaft des Hochlands thront der schneebedeckte, rau gezackte, heilige Berg der Kikuyu, der Mount Kenya, mit 5199 m der höchste Berg des Landes (der Kilimandscharo liegt auf tansanischem Boden). Weiter nördlich beginnt die Halbwüste, das Land der Nomaden, die der lebensfeindlichen Umgebung gegen alle Widerstände ihren Lebensunterhalt abtrotzen. Besucher erleben hier nicht nur

Spektakuläres Bergmassiv des Mount Kenya

eine der spektakulärsten Landschaften Kenias, sondern auch eine
ganz eigene Tier- und Pflanzenwelt, die sich vollkommen unterscheidet von der restlichen Flora und Fauna des Landes. Die Bevölkerung im Norden ist bis heute ihren Traditionen verhaftet,
auch deshalb, weil sie von der Entwicklung im Rest Kenias weitgehend abgehängt ist.

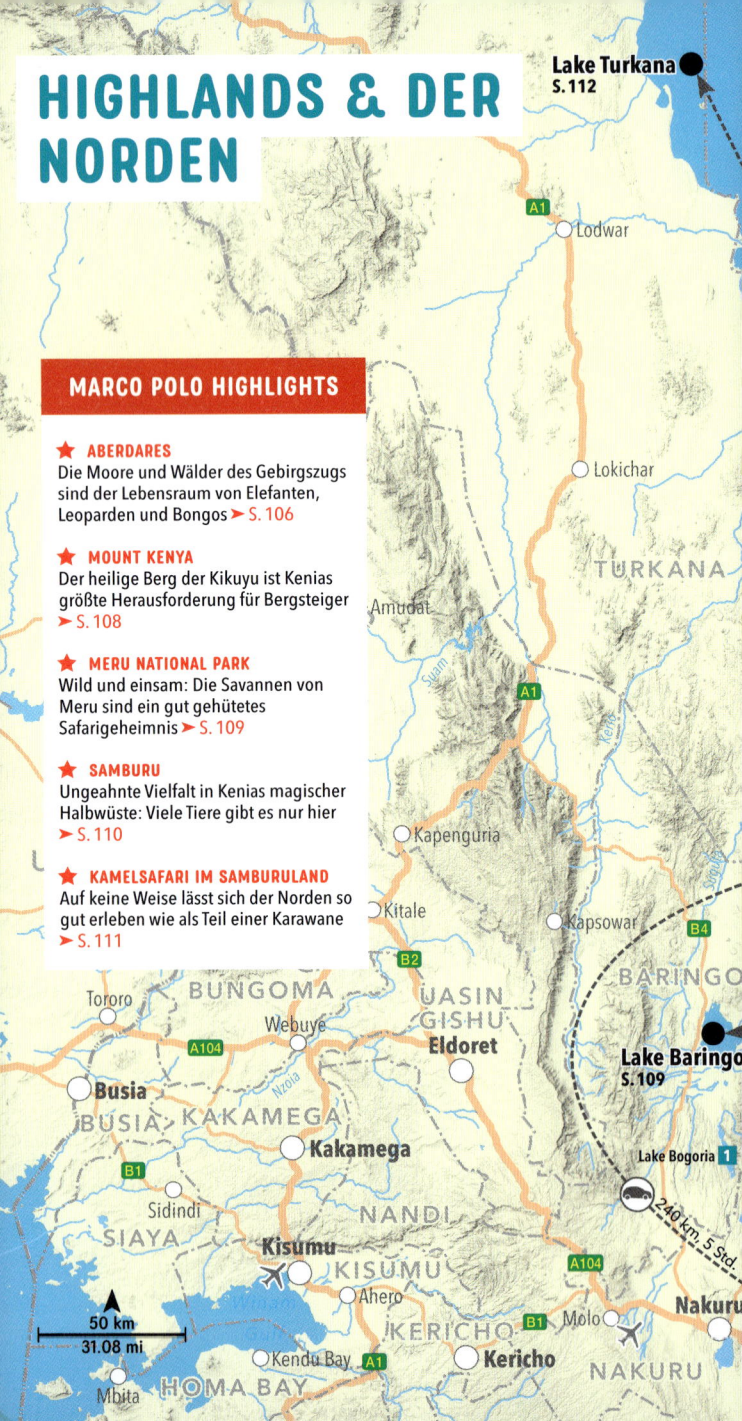

HIGHLANDS & DER NORDEN

Lake Turkana
S. 112

A1

Lodwar

MARCO POLO HIGHLIGHTS

⭐ **ABERDARES**
Die Moore und Wälder des Gebirgszugs
sind der Lebensraum von Elefanten,
Leoparden und Bongos ➤ S. 106

⭐ **MOUNT KENYA**
Der heilige Berg der Kikuyu ist Kenias
größte Herausforderung für Bergsteiger
➤ S. 108

⭐ **MERU NATIONAL PARK**
Wild und einsam: Die Savannen von
Meru sind ein gut gehütetes
Safarigeheimnis ➤ S. 109

⭐ **SAMBURU**
Ungeahnte Vielfalt in Kenias magischer
Halbwüste: Viele Tiere gibt es nur hier
➤ S. 110

⭐ **KAMELSAFARI IM SAMBURULAND**
Auf keine Weise lässt sich der Norden so
gut erleben wie als Teil einer Karawane
➤ S. 111

Lokichar

TURKANA

Amudat

A1

Kapenguria

Kitale

Kapsowar

B4

BARINGO

B2

UASIN
GISHU

Tororo

BUNGOMA

Webuye

Eldoret

Lake Baringo
S. 109

A104

Busia

A104

Lake Bogoria 1

BUSIA

KAKAMEGA

240 km, 5 Std.

B1

Kakamega

Sidindi

NANDI

SIAYA

Kisumu

Nakuru

KISUMU

Ahero

A104

50 km
31.08 mi

Kendu Bay

A1

Molo

B1

Kericho

KERICHO

NAKURU

Mbita

HOMA BAY

Walda

Kalacha

A2

MARSABIT

Loiyangalani

385 km, 8 Std.

Marsabit

Kamelsafari im Samburuland ★

Baragoi

KENYA

Malgis

Laisamis

SAMBURU

2 Matthews Range

Samburu ★

S. 110

Maralal

ISIOLO

Ewaso Ngiro

400 km, 9 Std.

B9

Garba Tula

LAIKIPIA

Isiolo

Laikipia

S. 106

Rumuruti

MERU

Nyahururu

Ewaso Ngiro

Meru

Nanyuki

Meru National Park ★

B6

S. 109

NYAN

B5

A2

Mount Kenya ★

DARUA

NYERI

S. 108

KITUI

Aberdares ★

S. 106

Kathageri

Karatina

ABERDARES

(□ F5–6) **Die unwegsamen Wälder dieses bis zu 4000 m hohen** ⭐ **Gebirgszugs waren in den 1950er-Jahren Kulisse eines erbitterten Guerilla-Kampfes: Hierhin zogen sich die Mau-Mau-Rebellen vor den britischen Truppen zurück und konnten so weiter für die Unabhängigkeit kämpfen.**

In den von Mooren durchzogenen dichten Wäldern leben geschätzte 6000 Elefanten, Leoparden, Büffel und die seltene Bongo-Antilope. Die Landschaft im stets kühlen Wald der Aberdares ist atemberaubend: enge, tiefe Täler, an deren Flanken Wasserfälle in die Tiefe rauschen. Die Aberdares sind das wichtigste Wassereinzugsgebiet des Landes. Seit Jahren tobt deshalb ein Konflikt zwischen Umweltschützern und Siedlern, die den Wald von den Rändern her brandroden und ihn damit Jahr für Jahr verkleinern. Noch größer ist der Schaden, den korrupte Unternehmer mit illegalem Holzeinschlag im großen Stil verursachen. *Parkeintritt 60 US $*

LAIKIPIA

(□ F–H4) **Die weite Hochebene rund um den Mount Kenya ist bis heute vom Erbe der Kolonialzeit geprägt, als weiße Farmer das Land unter sich aufteilten.**

Das trockene Land brachte allerdings so wenig Ertrag, dass die meisten Bauern sich auf extensive Rinderhaltung spezialisierten: Das Vieh grast auf Farmen, von denen einige größer sind als Luxemburg. Die meisten Besitzer verdienen ihr Geld heute im Tourismus. Zahlreiche Farmen sind private Wildtierreservate, in denen Gäste auch Nachtfahrten oder Fußsafaris unternehmen können. Die privaten Schutzgebiete Laikipias sind besonders gut geschützt: Auch deshalb lebt hier gut die Hälfte aller Spitzmaulnashörner Kenias. Manche der Laikipia-Lodges sind derart exklusiv, dass sie nicht einmal Straßenanschluss haben – Stars wie Madonna (oder einst auch Michael Jackson) fliegen von Nairobi mit dem Privatjet oder dem Hubschrauber bis vor die Tür ihrer Lodge.

SIGHTSEEING

LEWA WILDLIFE CONSERVANCY

Die ehemalige Rinderfarm (18 000 ha groß) wird von einer privaten Stiftung als Naturschutzgebiet verwaltet. Zu ihren Aufgaben gehören der Schutz von Nashörnern und die Förderung von Tourismusprojekten, die die lokale Bevölkerung miteinbeziehen. Besucher werden deshalb von Führern aus der Region durch das Schutzgebiet geführt, in dem du neben Nashörnern auch Löwen und Leoparden beobachten kannst. *Parkeintritt 80 US $ | lewa.org | □ H4*

OL PEJETA CONSERVANCY AND CHIMPANZEE SANCTUARY

Die Stars im Schutzgebiet der *Ol Pejeta Ranch*, einer der ältesten und tradi-

Auf Pferden durchstreifen Besucher das Schutzgebiet Lewa

tionsreichsten in Laikipia, sind Löwen und Elefanten – und ein zahmes Nashorn, das sich sogar streicheln lässt. Auch sonst hat man sich im Reservat auf den Schutz von Spitzmaulnashörnern spezialisiert, von denen es zahlreiche zu sehen gibt. Einmalig in Kenia ist das abgezäunte Schutzgebiet für Schimpansen, die von der Jane-Goodall-Stiftung vor dem Bürgerkrieg in Burundi gerettet wurden. Die Menschenaffen leben auf einer Insel, zu der man mit einem Boot übersetzt. Dort kann man ihnen – getrennt durch einen Zaun – beim Spielen zusehen. *Parkeintritt US $ 85 | olpejeta conservancy.org |* 📖 *G4–5*

SPORT & SPASS

LEWA MARATHON
Jedes Jahr im Juni oder Juli findet auf den staubigen Straßen des Lewa-Naturschutzgebietes ein Marathon der besonderen Art statt. Etwa 1400 Athleten aus aller Welt stellen sich hier einer der größten Herausforderungen für Läufer. Die Teilnahme an der wohltätigen Veranstaltung ist streng reglementiert: Wer an den Start gehen will, muss schon vorher rund 1700 Euro Spenden gesammelt haben. So wurden seit dem Jahr 2000 bereits etwa 7 Mio. Euro eingenommen. Das Geld kommt den Tieren des Naturschutzgebietes zugute, die sich auf ihre Weise bedanken: Die Vierbeiner rennen gern neben den Teilnehmern her. Vor allem Giraffen sollen gute Laufkompagnons sein. *Startgebühr: ca. 230, Zuschauer 140 Euro | Anmeldeschluss 3 Monate vorher | lewasafari marathon.com*

INSIDER-TIPP
Tierische Jogging-partner

Schnee am Äquator! Unterhalb des Point Lenana am Mount Kenya

MOUNT KENYA

(🗺 *G-H5*) **Majestätisch ragen die drei vom Schnee bedeckten Gipfel des ★ Mount Kenya nur wenige Kilometer vom Äquator entfernt in den Himmel. Kein Wunder, dass die im Hochland lebenden Kikuyu dort oben die Wohnstatt ihres Gottes Mwene-Nyaga vermuten.**

Drei bis vier Tage sollten Bergsteiger für den Aufstieg bis zum Lenana-Gipfel auf 4985 m rechnen. Wer den höchsten der drei Gipfel, den Batian auf 5199 m, erreichen will, braucht mindestens einen Tag mehr und neben guter Kondition auch viel bergsteigerische Erfahrung. Denn der Mount Kenya ist, anders als der Kilimandscharo, ein technisch höchst anspruchsvoller Berg. Ausgangspunkt für eine Besteigung ist die Ortschaft *Naro Moru,* gut drei Stunden Autofahrt von Nairobi entfernt. *Nationalparkgebühr 50 US $ pro Tag*

SPORT & SPASS

BESTEIGUNG DES MOUNT KENYA

Die beste Zeit für eine Tour sind die Monate Januar und Februar sowie Juli bis September, wenn es am wenigsten regnet. Der Aufstieg ist nur in Begleitung eines Bergführers erlaubt, sinnvoll sind auch Träger. Die Hütten müssen beim *Kenya Wildlife Service* vor Ort gebucht werden. Komplette Touren kannst du bei den meisten Reisebüros in Nairobi als Paket buchen, alternativ lässt sich in der *Naro Moru River Lodge (naromoruriverlodge.com)* alles Nötige organisieren. Ein Träger (maximal 16 kg Gepäck) und ein Führer kosten mindestens 10 Euro pro Tag, die Lodge verleiht auch Ausrüstung. Wirklich geübte Bergsteiger sollten sich mit dem *Mountain Club of Kenya (mck.or.ke)* in Nairobi in Verbindung setzen. Der Verein gibt einen sehr guten Wanderführer und eine detaillierte Karte heraus.

Die ersten 3000 Höhenmeter bis zur Wetterstation werden mit dem Geländewagen zurückgelegt. Von hier geht es aufwärts durch dichten Bambus- und tropischen Regenwald. Der nächste Tag führt durch das malerische *Teleki-Tal,* von dem die Gipfel des Mount Kenya bereits silbern gleißend zu sehen sind – und zum

Greifen nahe scheinen. Dabei steht das *Mackinder Camp,* die nächste Unterkunft, erst auf 4200 m. Für den finalen Gipfelsturm muss man dann früh aufstehen: Spätestens um 4 Uhr machen sich Bergsteiger auf den Weg zum *Point Lenana,* den man so rechtzeitig bei Sonnenaufgang erreicht:

INSIDER-TIPP
Der beste Grund, früh aufzustehen

ein phantastisches Schauspiel, das absolut für die Strapazen des Aufstiegs entschädigt. Den Abstieg bis zur Wetterstation legt man in gut sechs Stunden zurück.

MERU NATIONAL PARK

(ID J–K 4–5) ★ **Die Savannen des Meru National Park sind das vielleicht bestgehütete Safarigeheimnis Kenias.**

Nachdem in den 1980er-Jahren bewaffnete Banden aus Somalia Elefanten und Nashörner jagten und Besucher vertrieben, kam lange niemand mehr hierher. Dieser Tage ist der Park nicht nur sicher, sondern wieder voller Wildtiere, die man praktisch für sich allein hat. Im hohen Gras bist du allerdings auf die Ortskenntnis und den Adlerblick der kundigen Führer angewiesen. Sumpflandschaft und dichte Flusswälder ergänzen das reichhaltige Panorama des Parks. *Parkeintritt 60 US $*

LAKE BARINGO

(ID E3) **Im nördlichen Rift Valley gelegen, gibt der Baringosee Wissenschaftlern bis heute Rätsel auf. Wie der Naivashasee, so ist auch der Baringo ein Süßwassersee – doch woher das Wasser kommt und wohin es abfließt, ist bis heute unklar.**

Den Vögeln, die den See in Scharen bevölkern, ist das egal: Mehr als 450 Arten haben Vogelkundler am See gezählt, unter ihnen Fischadler, Kronenkraniche und mehrere Eisvogelarten. Der See ist außerdem die Heimat von Flusspferden und Krokodilen. In den vergangenen Jahren hat sich das Wasser immer weiter zurückgezogen: Umweltschützer machen die hohe Wasserentnahme für die Landwirtschaft und die Erosion umliegender Felder dafür verantwortlich. Anfahrt am besten von Nakuru über die vergleichsweise gute Straße nach Norden.

SPORT & SPASS

BOOTSFAHRTEN

Von der kleinen Ortschaft *Kampi ya Samaki* (Swahili für „Fischcamp") aus kann man Kanufahrten auf dem See organisieren. Fischer sind auf die neue Einnahmequelle angewiesen, weil die Zahl der Fische wegen Überfischung dramatisch zurückgegangen ist. *Die Dauer der Tour wird vorher verhandelt, Preis ca. 25 Euro/Std.*

Tradition erleben: Kamelfestival im Samburu-Nationalreservat

RUND UM LAKE BARINGO

🔢 LAKE BOGORIA

60 km/1 ½ Std. von Lake Baringo (per Auto über B4 und E461)

Vom nahen Baringosee unterscheidet sich der Bogoriasee wie der Himmel von der Hölle: Schroffe Felswände umgeben den See, aus dem heiße Fontänen hoch in die Luft spritzen. Selbst durch die Schuhsohlen spürst du die gewaltige Hitze der unter dem Boden brodelnden Naturgewalt. Der eigentliche See wird von Flamingos bevölkert, am Ufer brechen Geysire aus. Wer dorthin wandert, sollte besondere Umsicht walten lassen: Der Boden ist rutschig und schlammig, das brühend heiße Wasser kann binnen Sekunden schwe-

re Verbrennungen hervorrufen. Besonders bizarr ist das Ostufer des Sees, wo sich die über 600 m hohen *Sirado-Klippen* erheben. *Parkeintritt ca. 50 Euro | Anfahrt auf schlechten Straßen, Allradantrieb empfehlenswert | 📖 E4*

SAMBURU

(📖 H3) **Im Land der ⭐ Samburu beginnt der wüste Norden Kenias, der die Heimat zahlreicher noch urtümlich lebender, nomadischer Stämme ist und mehr als nur einen Hauch von Wildwest verbreitet.**

Wer im Norden lebt, der sagt vor der Abreise nach Nairobi: „Ich fahre nach Kenia." So andersartig und zuweilen abgelegen sind die Regionen um Samburu und darüber hinaus. Dank einiger brandneuer Straßen rückt Kenia aber zusammen, und inzwischen kannst du bei einigen Reiseanbietern interessante und günstige Touren buchen, z. B. bei *Sun La Vie* (s. S. 133).

Zu beiden Seiten der Hauptstraße, die nach Norden bis zur äthiopischen Grenze führt, liegen die Nationalreservate *Samburu, Buffalo Springs* und *Shaba* (eine Eintrittskarte kostet 70 US $ und gilt für alle Parks).

Unterbrochen von gewaltigen Inselbergen erstreckt sich eine anderweltliche Landschaft aus weißem Staub und Dornbüschen. Hier leben Tiere, die es nirgends sonst in Kenia gibt: das fein ziselierte Grevy-Zebra, auf den Hinterbeinen grasende Gerenuks und Netzgiraffen. Auch Leoparden kannst du hier besonders gut beobachten. Der Fluss Ewaso Ngiro (Samburu für „braunes Wasser"), der die Reservate *Samburu* und *Buffalo Springs* teilt,

führt die meiste Zeit im Jahr kein Wasser. In der Regenzeit aber füllt sich das Flussbett oft binnen kürzester Zeit; Springfluten reißen Lastwagen und in Ausnahmefällen auch wassernahe Gebäude mit sich. Die trockene Landschaft beginnt binnen Stunden zu blühen: ein magischer Anblick.

INSIDER-TIPP
Regen bringt Leben

SPORT & SPASS

KAMELSAFARI IM SAMBURU-LAND ★

Besser als auf einer Wanderung mit Kamelen lässt sich der Norden Kenias nicht erleben. Kundige Samburukrieger führen dich durch die unwegsame Dornensavanne und die Wüste und weihen dich in die Geheimnisse des

Grüße aus der Unterwelt: Geysire am Lake Bogoria

Lass dich durchs Samburuland schaukeln

RUND UM SAMBURU

2 MATTHEWS RANGE

100 km/2 ½ Std. von Samburu (per Auto über A2 und holprige Bergstraße)

Die 150 km lange Bergkette erhebt sich wie ein grüner Garten Eden aus der Wüste nördlich des Samburu-Reservats. In den dichten Wäldern entlang eines Flusses leben u. a. Elefanten, Leoparden und eine unglaubliche Menge an Schmetterlingsarten. Das luxuriöse *Kitich Camp (kitichcamp.com)* bietet feinste abgelegene Waldromantik und ist Ausgangspunkt für Waldwanderungen, Tierbeobachtungen, Schwimmausflüge zu einem der glasklaren Bergseen oder für Besuche in einem der nahen Samburudörfer. ⬜ *G–H 1–2*

Überlebens in dieser unwirtlichen Gegend ein. Je nach Preisklasse übernachtest du im Schlafsack am Lagerfeuer oder in einem mehr oder weniger luxuriös ausgestatteten Zelt. Für eine Woche Safari muss man mit mindestens 1700 Euro pro Kopf rechnen, je mehr Teilnehmer es gibt, desto günstiger wird es.

Gute Ausgangspunkte und Organisatoren sind das *Sabuk-Camp (sabuklodge.com)* im Norden Laikipias und das entlegene *Desert Rose (desertrosekenya.com)* in South Horr, ein traumhaftes, harmonisch in den Hang des heiligen Berges Nyiru eingebettetes Camp. Günstigere Optionen bietet *Let's go Travel* in Nairobi (s. S. 133).

LAKE TURKANA

(⬜ *H3*) **Weit im Norden liegt der Turkana-See. Die Region ist eine faszinierendsten des Landes. Der Kontrast zwischen dem riesigen jadegrünen Salzsee und der außerirdisch anmutenden Wüstenlandschaft hinterlässt jeden Besucher atemlos.**

Auch sonst gibt es viel zu entdecken. Rings um den See befinden sich spannende paläontologische Ausgrabungsstätten. Außerdem sind einige der kleinsten Stämme Kenias hier beheimatet, deren Kultur, Gastfreundschaft und Kunsthandwerk bei dir sicher einen nachhaltigen Eindruck hinterlassen werden. Respekt ist hier wichtig: Frag auf jeden Fall, bevor du Fotos von den Einheimischen machst!

Übernachten kannst du entweder direkt am See, zum Beispiel in *Elye Springs* am Westufer, in *Loiyangalani* im Südosten des Sees oder in *Lodwar*, der Hauptstadt der Region Turkana. Von dort sind es etwa anderthalb Stunden bis zum Seeufer. Wer sich mit dem Auto vom Landesinneren aus auf den Weg machen möchte, braucht starke Nerven, Allradantrieb und einen Ersatzreifen. Die Straßen auf dem Weg wurden in den letzten Jahren erheblich nachgebessert, trotzdem kommt es vor allem in der Regenzeit vor, dass Teile davon einfach weggespült sind. Informier dich daher vorher nach der aktuellen Lage. Wer es sich leichter machen möchte: Von Nairobi aus fliegen mehrere Airlines nach Lodwar.

FESTE

LAKE TURKANA CULTURAL FESTIVAL

Besser bekommst du die vielfältigen lokalen Kulturen nicht auf einen Blick präsentiert. Das Fest findet der Regel im Juni, seit 2019 auch im Dezember statt. Verschiedene Stämme stellen ihre beeindruckenden Kostüme und Tänze vor, geben aber auch Einblicke in ihre teilweise schwierigen Lebensbedingungen. Einige Anbieter organisieren die Anfahrt von Nairobi in zwei Etappen über Samburu. *7-Tage-Paket mit Anreise aus Nairobi: ca. 350 Euro | Loiyangalani oder Marsabit | Facebook: ltcf marsabit*

Der Stamm der Dassanech lebt am Lake Turkana

ERLEBNIS TOUREN

Lust, die Besonderheiten der Region zu entdecken? Dann sind die Erlebnistouren genau das Richtige für dich! Ganz einfach wird es mit der MARCO POLO Touren-App: Die Tour über den QR-Code aufs Smartphone laden – und auch offline die perfekte Orientierung haben.

❶ KENIA PERFEKT IM ÜBERBLICK

➤ Weiße Sandstrände, so weit das Auge reicht
➤ Safari mit Kilimandscharo-Blick
➤ Saftige Dschungel-Atmosphäre im grünen Westen

📍 Diani Beach   🏁 Nairobi

→ 1900 km   🚗 12 Tage,
reine Fahrzeit
ca. 35 Stunden

ⓘ Kosten: 1700 Euro für Unterkunft, Essen, Aktivitäten (für 2 Pers.); 1800 Euro für Fahrer, Wagen, Benzin
Achtung: Du fährst durch Malariagebiet; triff Vorkehrungen (Malariatabletten)!

Einfach QR-Code scannen und alle Karten & Infos zu unseren Touren auch unterwegs parat haben!
go.marcopolo.de/ken

Die kenianischen Guides wissen, wo man Löwe & Co. erspähen kann

SCHNORCHELN AM TRAUMSTRAND

Für diese Tour benötigst du – neben Sonnenschutz, Mückenschutz und warmen Sachen für kühle Nächte – vor allem einen Fahrer. Stell sicher, dass er vor jeder Etappe der Zustand des Wagens prüft und Informationen zur Strecke einholt; verlässliche Fahrer erledigen das von selbst. Du startest an Kenias Traumstrand ❶ Diani Beach ➤ S. 51 im Schatten der Palmen und erlebst die bunte Welt des Indischen Ozeans schnorchelnd am Riff. *Bei einem Abstecher nach Nordwesten über die C106 in die* ❷ Shimba Hills Rainforest Lodge *(shimbalodge.net)* werden dir die letzten Säbelantilopen begegnen. Die Nacht verbringst du in einem Baumhaus in der angenehmen Kühle des Küstenregenwalds.

KENIAS ZWEITGRÖSSTE STADT

Wieder zurück auf der Küstenstraße geht es nach Norden hinein bis nach ❸ Mombasa ➤ S. 44. Dort kannst du das imposante **Fort Jesus** und andere Zeugen der Geschichte bestaunen. Am Abend speist du im Dachgartenrestaurant des **Royal Court Hotels** *(royalcourtmombasa.co.ke),* wo du auch übernachtest.

TAG 1

❶ Diani Beach

36 km

❷ Shimba Hills
Rainforest Lodge

TAG 2

40 km

❸ Mombasa

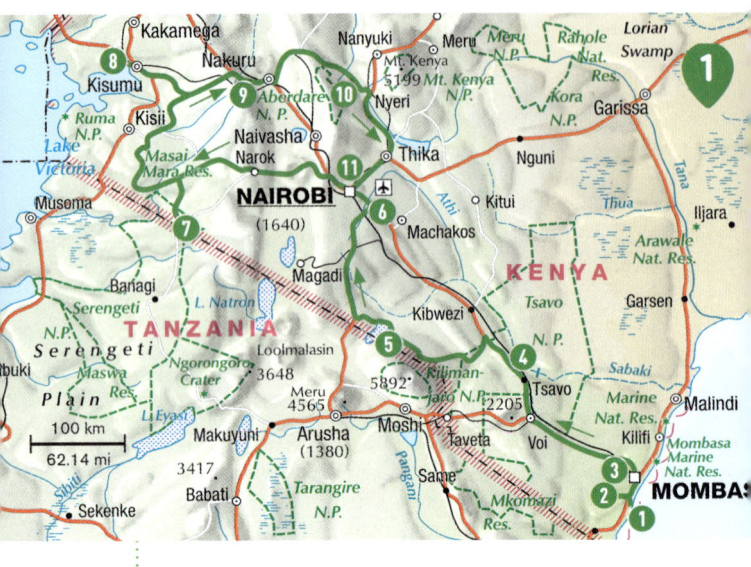

EINE NACHT IM TSAVO

TAG 3

305 km

④ Tsavo National Park

Füll deinen Wagen mit den nötigen Einkäufen (Grillkohle!) – die nächsten 24 Stunden versorgst du dich selbst. *Landeinwärts die A 109 entlang* färbt sich die Erde rot. In der heißen Ebene zwischen Küste und Hochland erstreckt sich der größte Nationalpark des Landes, der ④ Tsavo National Park ► S. 69, berühmt für seine „roten" Elefanten und die Löwen ohne Mähne. *Du fährst bis zum Tsavo West Gate (Mtito Andei) und von hier nach Süden zur Kitani Lodge*; der Weg ist ausgeschildert. Die Lodge liegt neben dem *Severin Safari Camp (severin-travel.com | africa@severin-travel.de)* und ist auch über dieses zu kontaktieren. Hier übernachtest du in Bandas; Grillstellen zum Zubereiten der mitgebrachten Verpflegung sind vorhanden. Wenn du in der Banda Nr. 3 unterkommst, blickst du direkt auf den Kilimandscharo.

INSIDER-TIPP
Location ist alles

EINE LANDSCHAFT AUS LAVA

TAG 4

150 km

„Safari" heißt Reise, das bedeutet: Der Weg ist das Ziel. *Du fährst auf die C 103 und dann in Richtung Westen. Um 10 Uhr musst du am Chyulu Gate sein* – hier sammelt sich einmal am Tag ein Konvoi, der Gäste in den ❺ Amboseli National Park ➤ S. 66 bringt. Es geht über erkaltete Lavafelder, den Shetani Lava Flow ➤ S. 71 – langsam kommst du dem Kilimandscharo ➤ S. 67 näher. Schließlich erreichst du die Amboseli Serena Lodge (serenahotels.com), wo du in der Nähe des mächtigen Berges abends auf der Terrasse sitzen und den Sonnenuntergang und Elefantenherden beobachten kannst.

ENTDECKE DIE HAUPTSTADT

Am nächsten Morgen musst du früh aufbrechen, *um auf der C 103 über die Grenzstadt Namanga zur A 104 in Richtung Norden zu gelangen.* Dein Ziel ist ❻ Nairobi ➤ S. 74, eine Metropole mit afrikanischem Charme. Hier gibt es Speisen aus aller Welt, Museen, koloniale Bauten, moderne Kunst. Erholung nach der langen Fahrt bietet das Sankara Hotel (sankara.com) in Westlands, wo du dich für zwei Nächte einquartierst. Nach dem Abschwellen des morgendlichen Berufsverkehrs *lass dich zum* Kongresszentrum *(KICC Tower/Harambee Ave.) nach Downtown bringen.* Hier, über dem 28. Stock, kannst du dir einen Überblick verschaffen. Genau wie im National Museum ➤ S. 78, das dein nächstes Ziel ist. Zum Dinner geht es ins Furusato ➤ S. 82; probier die Teppanyaki, mit Feuer zubereitet am Tisch.

ENDLICH WIEDER SAFARI

Verlass Nairobi früh am Morgen über den Wayiaki Way in Richtung Norden. Nach einer Stunde Fahrt triffst du auf das Rift Valley, Afrikas großen Grabenbruch – der Ausblick ist atemberaubend. *Die B 3 entlang nach Westen, geht es – ab Narok dann eher Richtung Süden – schließlich auf die C 13 an die Grenze zum* ❼ Masai Mara National Park ➤ S. 94, Kenias meistbesuchtem Reservat mit Löwengarantie. Nirgendwo sonst in Kenia ist auf so engem Raum eine solche Vielfalt an Wildtieren zu sehen. Hier liegt das Mara Siria Camp (mara-siria-camp.com). Genieß die Aussicht und bleib zwei Nächte, um Zeit für eine Safari zu haben. Wenn du zwischen Juli und Oktober in der Mara bist, wirst du Zeuge

❺ **Amboseli National Park**

TAG 5-6

235 km

❻ **Nairobi**

TAG 7-8

285 km

❼ **Masai Mara National Park**

der Tierwanderung, der dramatischen Migration Hunderttausender Tiere. Am Nachmittag lohnt es, sich von einem Massai, den das Camp vermittelt, bei einem Rundgang etwas über die Pflanzen und das Leben hier erzählen zu lassen.

ZUM GRÖSSTEN SEE AFRIKAS

TAG 9

330 km

8 Kisumu

Deine Reise führt nach Norden zunächst auf die B 3; über Kericho gelangst du in die fruchtbare, dicht besiedelte Kulturlandschaft Westkenias bis nach **8 Kisumu ➤ S. 98** am Viktoriasee. Fischer in ihren bunten Segelbooten fahren von hier auf den See hinaus. Wenn dir ein Boot sicher erscheint, lass dich mitnehmen. Eine Unterkunft zu finden ist in Kisumu kein Problem. *Über die B 1 führt der Weg nach Osten zum* **9 Lake Nakuru ➤ S. 97**, der mit Nashörnern und Hunderten von Vogelarten punktet. Im **Maili Saba Camp** *(mailisaba. ujimafoundation.org)* genießt du zum Abendessen den Blick in den Krater des Menengai-Vulkans.

TAG 10

195 km

9 Lake Nakuru

LETZTER STOPP

Die B 5 in Richtung Hochland führt von Nakuru durch die **10 Aberdares ➤ S. 106**, einen verwunschenen

TAG 11

155 km

10 Aberdares

Gut getarnt: Kikuyudorf in den Aberdares

Wald, der als Naturpark geschützt ist. **The Ark Lodge**
(thearkkenya.com) besuchst du nicht allein, wegen einer Wasserstelle zieht sie auch viele Tiere an. Mach einen Spaziergang und lass dir von einem Guide der Lodge die große Vogelvielfalt erklären. *Auf deiner Rückfahrt nach* ⑪ *Nairobi über die A2* wirst du lange Zeit vom heiligen Berg der Kikuyu, dem Mount Kenya ➤ S. 108 begleitet, der sich nicht weit vom Äquator stolze 5199 m in Richtung Himmel auftürmt. Halt auf der Rückfahrt unbedingt noch bei einem der Obsthändler. Auf halber Strecke nach Nairobi findest du viele von ihnen gleich an der Straße, und hier schmeckt das frische Obst besonders gut.

INSIDER-TIPP
Vitamine vom Straßenrand

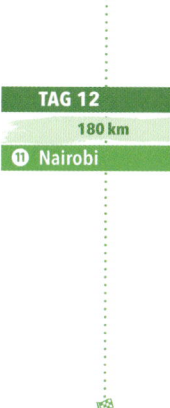

TAG 12
180 km
⑪ **Nairobi**

❷ STOLZE GIPFEL UND HEISSE QUELLEN VOR NAIROBIS HAUSTÜR

➤ Grandiose Aussicht über den Großen Afrikanischen Grabenbruch
➤ Hippos vom Boot aus bestaunen am Lake Naivasha
➤ Schlemmen beim Luxus-Lunch in Kenias bester Käserei

📍 Nairobi	🏁 Nairobi
	4 Tage,
🔄 300 km	🚗 reine Fahrzeit ca. 8 ½ Stunden

Kosten: 600 Euro für Unterkunft, Essen, Aktivitäten (für 2 Pers.); 240 Euro für Mietwagen (Allrad!), Benzin
Mitnehmen: Proviant, Trinkwasser, gute Straßenkarten, Mobiltelefon
ℹ️ Achtung: Auf dem Longonot-Gipfel werden die Pfade bei Regen rutschig und gefährlich. Auch die Canyons im **Hell's Gate National Park** sollten dann nicht betreten werden, da Springfluten drohen. Bei **Brown's Cheesery** Anmeldung nötig! Buch auch die Übernachtungen in den Camps vorab.

BEZWING DEN VULKAN

Du startest früh am Morgen in **1** Nairobi ➤ S. 74, *und verlässt die Hauptstadt auf dem Wayaki Way in Richtung Norden, bis du auf die B 3 und später die C 88 gelangst.* Das erste Highlight: Vom **2** Aussichtspunkt am Abhang des Rift Valleys geht der Blick weit übers Land, in der Ferne glitzert der Naivashasee in der Sonne. *In Serpentinen geht es nun mehrere Hundert Höhenmeter steil nach unten. Nach 30 km erhebt sich links* der Mount Longonot, ein Vulkan, der zuletzt vor 150 Jahren ausgebrochen ist. Mit seiner rauen Kante und den von der Vulkanasche schwarz gefärbten Flanken ist er schon von Weitem sichtbar. *Verlass die C 88 dort, wo der* **3** Mount Longonot National Park *linker Hand ausgeschildert ist.* Vom Parkplatz am Eingang brauchst du zu Fuß zwei Stunden bis hinauf zum Kraterrand. Der Weg ist leicht zu finden, hat allerdings steile Passagen. Oben, in 2777 m Höhe, hat man einen wunderbaren Blick aufs Umland und in den Krater. *Zurück am Parkplatz geht es direkt linker Hand weiter zum* **4** Fisherman's Camp *(fishermanscamp.com). Der Weg ist nicht weit, nach einer Teilstrecke über eine Sandpiste geht es auf der Mois Lake Road am See entlang.* Im Camp beziehst du eine der einfachen, aber gemütlichen Bandas und kannst von hier aus den Sonnenuntergang genießen.

KAJAK AUF DEM LAKE NAIVASHA

Beginn den Tag mit einem Erkundungsrundgang zum Seeufer und beobachte die drolligen Vervet-Meerkatzen, die rund ums Camp in den Bäumen wohnen. Zum Mittagessen spazierst du gemütlich ins nebenan gelegene Camp Carnelley's ➤ S. 98. Probier das Flusskrebs-Swahilicurry oder die leckeren Pizzen! Zum Ausklang des Tages kannst du von einem der Camps aus am Nachmittag noch eine Kajaktour über den Lake Naivasha unternehmen, wo du aus sicherer Entfernung nach gewaltigen Flusspferden Ausschau halten kannst.

BAD IN DER QUELLE

Dieser Tag führt dich in den **5** Hell's Gate National Park ➤ S. 96. *Dafür nimmst du vom See den Abzweig*

auf die Olkaria Route. Antilopen und Zebras grasen gleich neben der Piste. Am Hyrax Hill lassen sich Klippschliefer beobachten, die aussehen wie Murmeltiere, tatsächlich aber mit dem Elefanten verwandt sind. Richte deine Route so ein, dass du an dem Pool vorbeikommst, der aus heißen Quellen gespeist wird, und nimm ein Bad in dem milchigen Wasser, das tief aus der Erde kommt. Nachdem du Hell's Gate verlassen hast, fährst du zurück zur Uferstraße, biegst dieses Mal links ein und folgst ihr in Richtung Norden, bis du auf das Schild zum ❻ Cra-

INSIDER-TIPP

Wellness aus dem Inneren der Erde

27 km

❻ Crater Lake Camp

Sinfonie in Blau: Bootstour auf dem Lake Naivasha

ter Lake Camp *(craterlake.co.ke)* triffst. Hier, an einem erkalteten Vulkan, in dessen bewaldeter Caldera das Wasser grün schimmert, kannst du die Nacht in einem komfortablen Zelt verbringen.

KENIANISCHE KÄSESPEZIALITÄTEN

TAG 4

87 km

❼ Brown's Cheesery

Nutz am Morgen einen der Wanderwege, die um den Kratersee führen. Bewegung macht Appetit, und das ist gut so, denn nachdem du dich von Naivasha verabschiedet hast, erwartet dich ein kulinarisches Highlight in ❼ Brown's Cheesery *(Do–Sa 12.30–16 Uhr, mind. eine Woche im Voraus reservieren | Tel. 0728 99 96 54 | brownscheese.com). Um dorthin zu gelangen, umrundest du den Naivashasee auf dem Weg, den du gekommen bist, und fährst zurück nach Nairobi bis zum Abzweig nach Limuru. Folge ab Limuru 6 km der Straße, und achte auf das Schild zu „Brown's Cheese".* In der Käserei kann man zur Verkostung und zum Mittagessen vorbeikommen, dazu gibt es Eistee und Wein. Wer will, kann sich anschauen, wie der Käse dort produziert wird. Nach dem Lunch und einem Spaziergang auf der dazugehörigen Farm fährst du zurück nach ❶ Nairobi.

30 km

❶ Nairobi

❸ WUNDERSCHÖNER WESTEN

- ➤ Einzigartige Momente am größten See Afrikas
- ➤ Spazieren in Kenias letztem Regenwald
- ➤ Fliegen lernen mit dem Gleitschirm

📍 Nairobi	🏁	Kerio Valley
		6 Tage,
→ 525 km	🚗	reine Fahrzeit ca. 10 Stunden

ℹ️ Kosten: 840 Euro für Unterkunft, Essen, Aktivitäten (für 2 Pers.); 415 Euro für Mietwagen (Allrad!) und Benzin
Mitnehmen: Sonnen- und Mückenschutz, gute Straßenkarten, Mobiltelefon
Achtung: Vorsichtig fahren! Erkundige dich vor jeder Etappe nach dem Zustand der Straßen und der Verkehrslage.
Du fährst durch eines der Haupt-Malariagebiete Kenias. Triff entsprechende Vorkehrungen!

ROADTRIP MIT AUSSICHT

Du verlässt ❶ Nairobi ➤ S. 74, *in Richtung Nordwesten auf der A 104.* Dabei erlebst du das großartige Panorama des Grabenbruchs mit seinen Bergen und Seen. Leg eine Pause in einem der Cafés in ❷ Nakuru ➤ S. 97 ein. *50 km hinter Nakuru biegst du ab auf die B 1 nach Kericho,* Hügel und Teeplantagen bestimmen nun die Szenerie. Dein Ziel in ❸ Kericho ➤ S. 100 ist das kleine, freundliche und günstige Hotel Sahara Gardens *(saharagardens.co.ke).* Falls noch etwas vom Tag übrig ist, lass dir bei einer Führung die Teeplantage zeigen.

AM UND AUF DEM VIKTORIASEE

Am nächsten Tag folgst du der B 1 nach Westen bis nach ❹ Kisumu ➤ S. 70. Möglicherweise musst du dabei einen Umweg nehmen, erkundige dich bei deinen Gastgebern nach der Befahrbarkeit der Straßen. Die Gastgeber im Kisumu Kiboko Bay Resort *(kibokobay.*

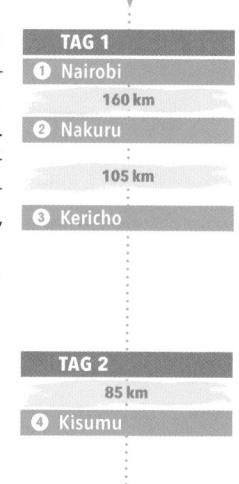

TAG 1
❶ Nairobi
160 km
❷ Nakuru
105 km
❸ Kericho

TAG 2
85 km
❹ Kisumu

com) können dir für den Nachmittag eine Bootstour auf dem Viktoriasee organisieren. Genieß dessen unendliche Weiten und die Mangrovenwälder am Ufer.

TAG 3-4

65 km

⑤ Kakamega National Park

DSCHUNGEL-FEELING

Schau dich am nächsten Morgen im quirligen Kisumu um. Kenias drittgrößte Stadt ist besonders am Tilapia Beach sehenswert; dort herrscht reges Treiben, überall wird etwas verkauft, es gibt zahlreiche Fischrestaurants. *Mittags verlässt du dann Kisumu in Richtung Norden,* um das Rondo Retreat *(rondoretreat.com)* zu erreichen, das im ⑤ Kakamega National Park ➤ S. 99 liegt. Hier bleibst du zwei Nächte. Der nächste Morgen beginnt mit den Schreien der Colobus-Affen, die so ihr Revier markieren. Diesen Tag solltest du ganz der Magie des Regenwalds widmen. Unternimm eine Wanderung, um dessen Tier- und Pflanzenwelt zu entdecken. Einen Guide dafür vermittelt die Lodge.

EINFACH MAL ABHEBEN

TAG 5-6

110 km

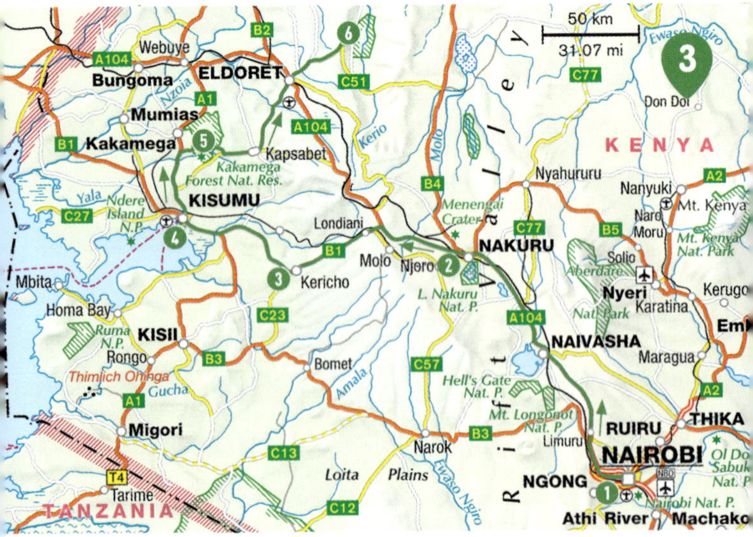

Am nächsten Tag fährst du in nordöstlicher Richtung über Kapsabet nach Eldoret. Die Stadt ist wirtschaftlich zwar bedeutend, für Reisende gibt es aber kaum etwas zu sehen. *Folge der C51 weiter nach Nordosten,* bis du im ❻ Kerio Valley das Kerio View Hotel *(kerioview. com)* erreichst. Das Gebäude hat Panoramafenster, durch die der Blick weit ins Tal schweift. Nun bleibt noch Zeit für einen unvergesslichen Paraglidingflug. Die Bedingungen sind zwischen Dezember und März ideal, und in dieser Zeit werden im Mekka der Gleitschirmflieger für Anfänger auch Tandemsprünge angeboten (den Kontakt vermittelt das Hotel). Am nächsten Morgen machst du dich auf zu einem Abstieg ins Tal, der durch verschiedene Vegetationszonen führt. Lass dir für diese Wanderung vom Hotel einen Guide vermitteln. Die Tour ist hier zu Ende; ob du noch in Kerio bleiben oder am selben Tag noch nach Nairobi zurückfahren willst *(über die B53, später C55, die B4 und die A104),* entscheidest du selbst.

❻ Kerio Valley

❹ RUND UM MALINDI – TRAUMSTRÄNDE UND ENTDECKUNGEN

➤ Entspannte Strandatmosphäre jenseits touristischer Hochburgen
➤ Beeindruckenden Meeressäugern nahekommen
➤ Ruinen der afrikanisch-arabischen Stadt Gedi erkunden

📍 Flughafen Malindi	🏁	Flughafen Malindi
↻ 235 km	🚗	5 Tage, reine Fahrzeit ca. 5 Stunden

ℹ Kosten: 590 Euro für Unterkunft, Essen, Aktivitäten (für 2 Pers.); ca. 230 Euro für Auto/Fahrer
Mitnehmen: Sonnen- und Mückenschutz, Malariatabletten
Achtung: Buch einen Fahrer. Vor allem die Piste zum **Marafa Canyon** ist bei Schlechtwetter anspruchsvoll. Die Küste ist Malariagebiet; triff daher Vorkehrungen! Restaurant **Crab Shack** einen Tag vorher reservieren!

ZEIT FÜR WASSERSPORT

Dein Fahrer holt dich vom ① Flughafen Malindi ab *und bringt dich an der Stadt vorbei ins nördlicher gelegene* ② Che Shale *(cheshale.com)*, wo du abends in simplen, aber gemütlichen Hütten übernachtest. Sportlich Ambitionierte können hier surfen oder das Kitesurfen erlernen. Lass dir von Besitzer Justin unbedingt auch die seltene, hauseigene Krabben- und Lobsterzucht zeigen. Zum Sonnenuntergang begibst du dich am besten auf die nächstgelegene Düne.

NEUES PROBIEREN

Der nächste Tag beginnt mit einem Naturspektakel. *Dein Fahrer bringt dich frühmorgens* zum ③ Marafa Canyon. Du schaust über ein farbenprächtiges Felsenmeer, das durch eine Sandsteinabsenkung entstand. *Nachdem du wieder zurück auf die Küstenstraße gelangt bist, geht es südlich nach* ④ Malindi ➤ S. 55. Dort probierst du zum Mittag im netten Hof des Restaurants The House *(Lamu Road, gegenüber KCB Bank | Tel. 0715 08 15 20 | €€)* die mediterran und Swahili-inspirierte Fusionsküche. Etwas versteckt, aber nicht weit entfernt liegt die Falconry of Kenya *(tgl. 9–17.30 Uhr | Eintritt ca. 5 Euro | Off Lamu Road)*. Lern eine Riesenschildkröte, Krokodile, Schlangen und Vögel kennen. *Zurück auf der Hauptstraße, fährst du die Mombasa Road Richtung Süden und biegst beim Örtchen Gede vor der Tankstelle links in Richtung* ⑤ Watamu ➤ S. 56 ab. Du verbringst die nächsten drei Nächte im Tree House *(treehouse.co.ke)* an der Turtle Bay Beach Road. In zwei Türmen überblickst du Palmenhaine und siehst aufs Meer und die Lagune des Mida Creek.

PADDELND ZU DELPHINEN

Den nächsten Vormittag verbringst du mit Delphinen – je nach Jahreszeit auch mit Walhaien oder Buckelwalen. Am besten brichst du früh auf, wenn die Wellen noch flach und erst wenige Boote unterwegs sind. Mit einem SUP-Board von Tribe Watersports *(im Medina Palms | Turtle Bay Beach Road | Tel. 0718 55 33 55 | tribe-watersports.com)* kannst du dich den

Tieren geräuscharm nähern. Watamu steht wie die ganze Nordküste Kenias unter starkem italienischem Einfluss. Das solltest du nutzen und in der hervorragenden **Hosteria Romana** *(Mi geschl. | Tel. 0710 36 90 39 | Watamu Beach Road | nahe Supermarkt Mama Lucy | €€)* zu Mittag essen. Am Nachmittag kannst du das **Watamu Turtle Watch Program** *(Tel. 0713 75 96 27 | Watamu Beach Road südlich | hinter der Dongo Kundu Primary School | watamu turtles.com)* besuchen. Pflege, Nestschutz, Schildkrötenrettung – lass dir die Arbeit der Meeresschützer von diesen selbst erklären. Die Nacht verbringst du wieder über den Palmen im Tree House.

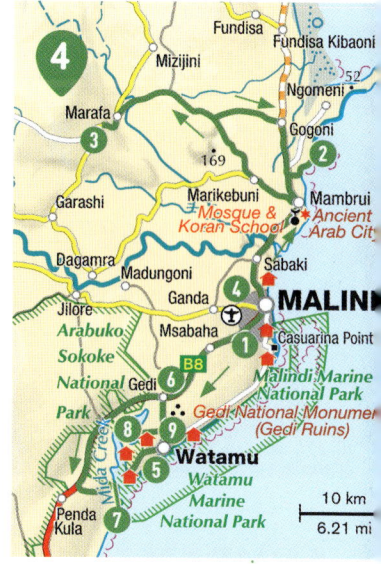

UNTERWEGS IN DEN MANGROVEN

Am nächsten Morgen besuchst du die ❻ **Ruinen von Gedi** ➤ S. 56 und erfährst mehr über die Geschichte dieser alten Siedlung. Danach geht's zum ❼ **Mida Creek**, einem tierreichen Wattgebiet in Mangrovenwäldern. *Fahr die Mombasa Road nach Süden, und achte auf das Schild „Mida Creek Mangrove Wetlands".* Am Eingang zum Creek findet sich auch ein kleines **Restaurant**, in dem du dich stärken kannst, bevor du auf Hängebrücken oder im Kanu zwischen den Mangroven unterwegs bist. Vor Einbruch der Dämmerung fährst du zum Abendessen ins romantische ❽ **Crab Shack** *(Tel. 0725 31 55 62 | €€). Dafür orientierst du dich über Gedi zurück Richtung Watamu, biegst aber rechts nach Dabaso ein.* Über Brücken erreichst du das im Creek auf Holzpfeilern stehende Restaurant. Der Sonnenuntergang ist die Krönung der Tour. Dein Fahrer bringt dich dann zurück nach ❾ **Watamu** ins Baumhaus. Wenn dein Flieger am nächsten Tag erst später geht, genieß noch mal den Strand, bevor du zum ❶ **Flughafen Malindi** gefahren wirst.

TAG 4

27 km

❻ **Ruinen von Gedi**

21 km

❼ **Mida Creek**

27 km

❽ **Crab Shack**

8 km

❾ **Watamu**

TAG 5

24 km

❶ **Flughafen Malindi**

GUT ZU WISSEN
DIE BASICS FÜR DEINEN URLAUB

ANKOMMEN

ANREISE

Nairobis *Kenyatta International Airport* liegt 20 km südlich der Innenstadt. Von Deutschland aus gibt es Lufthansa-Direktflüge ab Frankfurt. Von allen anderen Flughäfen aus muss man min-

destens einmal umsteigen, ebenso wie bei der Anreise zu Mombasas *Moi Airport*. Günstige Flüge findest du über Suchmaschinen wie *skyscanner.de* oder *momondo.de*. Nebensaison: ca. 550, Hauptsaison ca. 800 Euro.

VISA

Seit 2021 müssen alle Einreisenden schon bei der Ankunft in Kenia ein gültiges Visum vorweisen. Ca. eine Woche vor Abflug solltest du deshalb spätestens unter *ecitizen.go.ke* ein „eVisa" beantragen (ca. 55 Euro inkl. Bearbeitungsgebühr). Halte dafür Flugbuchung, biometrisches Passfoto und Kreditkarte bereit. Europäer benötigen einen über die Einreise hinaus noch sechs Monate gültigen Reisepass. Das Visum ist 90 Tage gültig und muss bei der Einreise vorgelegt werden.

Mit einem normalen Visum kannst du bis zu drei Monate lang in Kenia bleiben. Wenn du eine länderübergreifen-

Stoßstange an Stoßstange – Straßenverkehr in Nairobi

de Reise plant, lohnt sich ein „East Africa Tourist Visa". Weitere Infos: *kenyaembassyberlin.de*

KLIMA & REISEZEIT

An der Küste sinken die Wassertemperaturen so gut wie nie nie unter 25 Grad. Jahresmittel für die Lufttemperatur in Mombasa: 27–31 Grad. Hochsaison und heißeste Jahreszeit an der Küste ist Dezember/Januar. Etwas kühler sind Juli/August. Reiseeinschränkungen kann es während der Regenzeit geben, Ende März–Mitte Mai und November/Dezember. Dann sind eini-

+ 2 Stunden Zeitverschiebung

Kenia ist der mitteleuropäischen Zeit um zwei Stunden, während der Sommerzeit in Europa um eine Stunde voraus.

ge Regionen (u.a. die Aberdares, der Norden, Amboseli, Masai Mara) zeitweise mit dem Wagen unpassierbar.

SANFTER TOURISMUS

Klimawandel und Umweltzerstörung treffen Kenia besonders hart. Fast alle Reiseziele kann man sich mittlerweile auf ressourcenschonende Art erschließen. Der *Kenya Wildlife Service (kws. go.ke)* kümmert sich in seinen Nationalparks gut um deren tierische Einwohner und bietet einfache Unterkünfte an. Reisen mit Rücksicht auf die örtliche Community sind auch möglich, z. B. Wandern mit dem Massai-Führer im Hell's Gate. Oder ein Aufenthalt im ökofreundlichen Massai-Dorf? Z. B. über *Adventure Expeditions (adventure andexpeditions.com).*

ZOLL

Erlaubt ist die Einfuhr von 0,7 l alkoholischer Getränke und einer Stange

Adapter Typ G

Wechselstrom mit 230–240 V. Dreipolige Adapter erforderlich. Empfindliche elektronische Geräte kannst du mit Stromspannungs-reglern *(powersurge-regulators)* schützen – erhältlich in jedem kenianischen Supermarkt.

INSIDER-TIPP
Schon beim Packen beachten!

Zigaretten. Achtung: Plastiktüten sind in Kenia verboten, deshalb gar nicht erst mitnehmen!

Ein Ausfuhrverbot (sowie Einfuhr nach Deutschland) gilt für Elfenbein, Felle, Korallen, Muscheln, Tiertrophäen.

WEITER-KOMMEN

AUTOFAHREN
Wer sich ins kenianische Getümmel stürzen will, braucht Mut und Vorsicht. Nicht nur aufgrund des scheinbaren Fehlens von Verkehrsregeln, auch wegen Linksverkehrs. Wichtigste Regel: nach Einbruch der Dunkelheit nicht außerhalb der Städte fahren – Wildtiere (und viele Autos) haben keine Rücklichter. Straßen sind oft in schlechtem Zustand, achte auf Schlaglöcher. An Polizeisperren stets halten. Geschwindigkeitsbegrenzungen: in der Stadt 50, auf Schnellstraßen 100 km/h, im Nationalpark Schritt fahren.

AUTOMOBILE ASSOCIATION OF KENYA (AAK)
Nairobi | Embakasi | Tel. 0709 93 30 00, 0709 93 39 99 | aakenya.co.ke

BUS
Zwischen großen Städten kommst du gut mit Überlandbussen voran. Neben modernen, gemütlichen Bussen gibt es viele alte Klapperkarossen – eher was für Abenteuerlustige. Fahr aus Sicherheitsgründen nie über Nacht und trink vor der Fahrt wenig – die Busse haben keine Toiletten.

INLANDSFLÜGE
Außer *Kenya Airways (kenya-airways.com)* verbinden *Air Kenya (airkenya.com), Fly540 (fly540.com), Safarilink (fly-sax.com)* sowie die Kenya-Airways-Tochter *Jambo Jet (jambojet.com)* Mombasa, Nairobi, Kakamega, Kisumu, Kitale, Lamu, Lodwar, Eldoret, Ukunda (Südküste) und zahlreiche Nationalparks miteinander. Die Flüge sind günstig (meist unter 100 Euro). Achte bei Strecken ab Nairobi darauf, ob deine Maschine vom Internationalen Flughafen *Jomo Kenyatta* oder vom kleineren *Wilson Airport* abfliegt.

MIETWAGEN
Internationale Autoverleiher haben in Mombasa und Nairobi Niederlassungen, sind aber deutlich teurer als kenianische Unternehmen. Vor Abfahrt den Wagen genau prüfen und auf keinen Fall den Ersatzreifen vergessen!
– *Concorde Car Hire: Nairobi | Shell-Tankstelle | Ring Road | Westlands | Tel. 020 4 44 89 53 | concorde.co.ke*

FESTE & EVENTS
RUND UMS JAHR

JANUAR
Lamu Dhow-Regatta (Foto)
Maulidi al Nabi (Lamu): Geburtstag des Propheten, Datum beweglich nach dem Mondkalender

MÄRZ
Lamu Yoga Festival (Lamu)

APRIL/MAI
Ramadan: Zur Fastenzeit sind die nördlichen Küstenregionen eher still, Lamu besonders. Das Ende des Mondmonats wird umso größer gefeiert. Wechselnde Daten, 2022: 2. April–1. Mai, 2023: 22. März –21. April

JUNI/JULI
Lewa-Marathon (Lewa Conservancy): Ca. 700 Athleten aus aller Welt stellen sich jährlich der Herausforderung, s. S. 107, *safaricommarathon.com*
Rhino Charge (wechselnde Orte): Geländefahrt-Spektakel sammelt Geld zum Schutz bedrohter Nashörner, *rhinocharge.co.ke*

AUGUST
Große Tierwanderung (Masai Mara) von 2 Mio. Gnus, Zebras und Antilopen aus der Serengeti in die Masai Mara

SEPTEMBER
Concours d'Élégance (Nairobi): Buntes Fest rund um Oldtimer, die Upper Class kommt im passenden Vintage-Outfit. *concourskenya.com*

NOVEMBER
Lamu Cultural Festival (Lamu): Für ein Wochenende wird die Altstadt von Lamu Town zur Open-Air-Bühne. *lamutourism.org*
East African Safari Classic Rally (Mombasa): s. S. 45, *eastafricansafarirally.com*

DEZEMBER
Jamhuri Day (landesweit): Feiertag am 12. Dez. mit Umzügen und Ansprachen im Gedenken an den Tag der Unabhängigkeit 1963
Kilifi New Year Rave (Kilifi): s. S. 55

MOTORRAD

MotoADV (Tel. 070 10 295 89 | moto advkenya.com) organisiert Überlandfahrten durch einige der schönsten und entlegensten Regionen Kenias und Ostafrikas. Wer auf eigene Faust losfahren will, kann hier sichere, importierte Motorräder unterschiedlicher Klassen und Zubehör mieten.

TAXI

Die Taxi-App *Bolt* ist in Kenia weiter verbreitet als in Deutschland und die günstige Alternative zu *Uber*. Mit beiden Apps kommst du in Nairobi und Mombasa überall sicher und (meist) schnell hin. Falls du keine der Apps nutzt, bei denen die Preise festgelegt sind, mach vorher einen Preis aus. Nicht immer kennen die Fahrer den Weg, sei vorbereitet – zur Not lass den Fahrer bei deinem Ziel anrufen und sich den Weg erklären. Nimm in Nairobi und Mombasa nachts auch bei kurzen Strecken immer ein Taxi.

IM URLAUB

CAMPING

Campen bietet sich nur in den Nationalparks an, die alle mindestens einen Platz haben. Ein Verzeichnis dgibt es auf der Website des KWS: *kws.go.ke*. Wichtig: Alles mitbringen, oft gibt es weder Wasser noch Toiletten.

FEIERTAGE

Das muslimische Fest *Idd al Fitr* (Ende der Fastenzeit Ramadan) findet zu wechselnden Daten statt (Mondkalen-

der). Fällt ein Feiertag auf einen Sonntag, ist meist der folgende Montag frei.

1. Januar	Neujahr
März/April	Karfreitag, Ostermontag
1. Mai	Tag der Arbeit
1. Juni	*Madaraka Day* (Unabhängigkeitstag)
20. Oktober	*Mashujaa Day* (Tag der Helden)
12. Dezember	*Jamhuri Day* (Gründung der Republik)
25./26. Dez.	Weihnachten

GELD & KREDITKARTEN

Der Kenianische Shilling (KSh) wird auch „Bob" genannt. 2019 wurden die Scheine neu aufgelegt und leuchten bunt mit Kenias Wahrzeichen und Tierwelt als Motiven. Die alten werden seitdem nach und nach ungültig, lass dir keinen davon unterjubeln! Die Scheine gibt es von 50 bis 1000 KSh, Münzen für 1 bis 40 KSh.

Mit einer Kreditkarte bist du gut beraten, damit kannst du Geld an den selbst auf dem Land verbreiteten Geldautomaten ziehen. Nationalparks können oft nur mit Karte bezahlt werden (in US-Dollar). Hotels, Restaurants und Safari-Anbieter nehmen häufig Kreditkarten (manchmal gegen Zuschlag von fünf Prozent). Alle anderen Kosten werden in bar beglichen. In den Städten können Euro, US-Dollar und Reiseschecks in Banken und Forex-Büros (geht schneller) eingelöst werden. Auch die Maestro (EC)-Karte wird an Pesa-Point-Automaten akzeptiert.

HANDY & INTERNET

Wer mit dem Mobiltelefon online gehen will, kann – außer in wirklich entlegenen Gebieten – mit einem guten

Netz rechnen. Dafür solltest du dir eine SIM-Karte der großen Anbieter *Safaricom* oder *Airtel* anschaffen. Die SIM kostet unter 1 Euro und kann in jedes mitgebrachte Handy ohne SIM-Lock eingelegt werden. Aufgeladen wird das Handy von Prepaidkarten *(scratch cards)*, die überall erhältlich sind. Die Telefonnummern in diesem Buch sind für den Gebrauch in Kenia aufgelistet: Von Europa aus wählst du 00254 vor und lässt die erste „0" weg. Vorwahl nach Deutschland: 0049, nach Österreich: 0043, in die Schweiz: 0041.

Schon kleinere Städte haben Internetcafés. Viele Hotels, Lodges und Restaurants bieten kostenloses WLAN.

POST

Eine Postkarte per Luftpost (ca. 140 KSh) braucht ein bis zwei Wochen, kann aber gern auch mal viel später eintreffen *(posta.co.ke)*. Zuverlässig ist Express mit DHL.

REISEUNTERNEHMEN

Diese Unternehmen sind seit Jahren etabliert, bieten zuverlässige Services:

– *Game Trackers:* Mangadi Tenting Center | Seminary Road | Karen | Nairobi | Tel. 073 1 30 95 13 | gametrackersafaris.com

– *Let's Go Travel:* ABC Place | Waiyaki Way | Westlands | Nairobi | Tel. 020 4 44 71 51 | uniglobeletsgotravel.com

– *Private Safaris:* OiLybia | Muthaiga | Nairobi | Tel. 020 3 60 70 00 | private safaris.co.ke

– *Bonfire Adventures:* mehrere Filialen in Nairobi | Tel. 07 29 83 63 36 | bonfireadventures.com

WAS KOSTET WIE VIEL?

Kaffee	um 1,70 Euro *für eine Tasse im Café*
Nationalpark	20–65 Euro *Eintritt für Parks/ Reservate*
Bier	um 2 Euro *für eine Flasche 0,5 l im Restaurant*
Benzin	um 1 Euro *für einen Liter Super*
Taxi	um 15 Euro *vom Flughafen in die Innenstadt von Nairobi*
Snack	um 1,40 Euro *für eine Samosa vom Straßenstand*

UNTERKÜNFTE

Auf Safaris hast du meist die Wahl zwischen einer Lodge (also einem festen Haus mit Zimmern) und einem Camp. Das Camp besteht aus Zelten, die begehbar, mitunter luxuriös eingerichtet und z. T. sogar mit eigenen Bädern versehen sind. Am Strand gibt es große, gesicherte Touristenresorts, die auf einem riesigen Gelände Hunderte von Urlaubern beherbergen. Alternativ dazu gibt's für alle, die es individueller mögen, Cottages oder sogenannte Bandas, kleine Häuser, die oft aus Stein gebaut und deren Dächer nach traditioneller Art mit Makuti (Palmblättern) gedeckt sind. Meist werden die Übernachtungspreise per *person sharing*, also pro Person im Doppelzimmer, angegeben.

WICHTIGE HINWEISE

AUSKUNFT
Botschaft der Republik Kenia
10969 Berlin | Markgrafenstr. 63 | Tel. 030 2 59 26 60 | embassy-of-kenya.de

Kenya Wildlife Service
Nairobi | Langata Road | Tel. 020 2 37 94 07 | kws.go.ke

Kenya Tourism Board
Vertretung in Deutschland: Tel. 02104 83 29 19 | magicalkenya.com

GESUNDHEIT
Wer aus Europa anreist, muss keine Impfungen nachweisen. Bist du innerhalb von Afrika auf Reisen, etwa nach Tansania, ist eine Gelbfieber-Impfung nachzuweisen, der Impfpass wird an der Grenze kontrolliert. Empfohlen wird außer den Grundimpfungen (Tetanus, Polio, Diphtherie) eine Impfung gegen Hepatitis A. Eine Typhus- oder Tollwutimpfung braucht nur, wer auf eigene Faust im Hinterland unterwegs ist. Im Zweifelsfall lass dich rechtzeitig vor der Reise von einem Tropenmediziner beraten.

Malaria ist in Kenia weit verbreitet. Der Erreger wird von der Anophelesmücke übertragen, die vor allem in der Dämmerung (morgens und abends) aktiv ist. Hauptsymptome sind Fieber und alle Anzeichen einer schweren Grippe. Eine Impfung gegen Malaria gibt es nicht. Chemoprophylaxe bewirkt nur, dass die Krankheit bei Ausbruch weniger heftig verläuft. Weil die Inkubationszeit bis zu vier Wochen beträgt, muss man auch nach der Rückkehr auf Malariasymptome achten. Am besten, man lässt sich gar nicht erst stechen: Mückensprays, lange Hemden und Hosen helfen dabei ebenso wie nachts ein Moskitonetz.

Kenia hat eine sehr hohe HIV-Rate, vor allem in den Touristengebieten. Sex ohne Kondom ist daher lebensgefährlich und unnötig: Kondome sind selbst in entlegenen Orten überall erhältlich. In Kenias Krankenhäusern gilt: Erst wird bezahlt (meist in bar), dann behandelt. Unbedingt empfehlenswert ist eine Mitgliedschaft bei den *Flying Doctors (AMREF | Wilson Airport | Nairobi | Tel. 0206 99 40 00 | amref.org),* einem medizinischen Notdienst per Flugzeug: Für 25 US $ bekommt man einen zweimonatigen Schutz fürs ganze Land. Unbedingt vor der Reise abschließen sollte man eine Auslandskrankenversicherung mit Rückholoption.

Kenia wurde wie viele afrikanische Länder von den wirtschaftlichen Folgen der Coronapandemie härter getroffen als von der Krankheit selbst. Die Impfquoten gegen das Virus sind sehr niedrig, natürliche Immunität dafür wohl hoch. Über aktuell geltende Einreisebestimmungen informiert die kenianische Botschaft: *kenyaembassyberlin.de*

SICHERHEIT
In Städten führt die Armut leider auch zu Kriminalität. Im Falle eines Überfalls unbedingt kooperieren, Geld lässt sich ersetzen, Leben und Gesundheit nicht! Seit Kenia gegen Isla-

misten in Somalia Krieg führt, hat es zudem einige Terroranschläge auf kenianischem Boden gegeben, die aber mit einigen Ausnahmen eher auf die nördlichen Grenzregionen beschränkt blieben und keine Touristen betrafen. Ein Blick auf die die aktuellen Reisehinweise des Auswärtigen Amts schadet trotzdem nicht. Die Website der *Deutschen Botschaft* in Nairobi informiert über aktuelle Entwicklungen.

NOTFÄLLE

BOTSCHAFTEN
Deutsche Botschaft
Ludwig-Krapf-Haus | 113 Riverside Drive | Riverside | Nairobi | Tel. 020 4 26 21 00 | nairobi.diplo.de

Österreichische Botschaft
Limuru Road 536 | Nairobi | Tel. 02 04 06 00 22 | bmeia.gv.at/oeb-nairobi

Schweizer Botschaft
Rosslyn Green Drive (off Red Hill Road) | Nairobi | Tel. 0730 69 40 00 | eda.admin.ch/nairobi

KRANKENHÄUSER
– Pandya Memorial Hospital | Dedan Kimathi Avenue | Mombasa | Tel. 0704 31 41 40
– Aga Khan University Hospital | 3rd Parklands Ave. | Parklands | Nairobi | Tel. 020 3 66 20 00
– Gertrude's Garden (Kinderkrankenhaus) | Muthaiga Road | Nairobi | Tel. 02 07 20 60 00
– Diani Beach Hospital | Diani Beach | Tel. 0700 99 99 99

WETTER IN MOMBASA

	JAN.	FEB.	MÄRZ	APRIL	MAI	JUNI	JULI	AUG.	SEPT.	OKT.	NOV.	DEZ.
Tagestemperaturen	32°	32°	33°	31°	29°	29°	28°	28°	29°	30°	31°	32°
Nachttemperaturen	23°	23°	24°	24°	23°	21°	20°	20°	21°	22°	23°	23°
Sonnenschein Stunden/Tag	9	9	9	8	6	8	7	8	9	9	9	9
Niederschlag Tage/Monat	4	2	5	10	14	9	11	10	9	12	10	6
Wassertemperatur in °C	27	28	28	28	28	27	25	25	27	27	27	27

☀ Sonnenschein Stunden/Tag   ☔ Niederschlag Tage/Monat   ≋ Wassertemperatur in °C

SPICKZETTEL
ENGLISCH

NÜTZLICHES

Wo finde ich einen Internetzugang/WLAN?	Where can I find internet access/Wifi?	wär känn ai faind 'internet 'äkzäss/waifai?
Ich möchte … Euro wechseln.	I'd like to change … euro.	aid laik tu tschäindsch … iuhro
Ich möchte ein Auto/ein Fahrrad mieten.	I would like to rent a car/a bicycle.	ai wud laik tə ränt ə kahr/ə 'baisikl.
Darf ich fotografieren?	May I take a picture?	mäi ai täik ə 'piktscha?
Fahrplan/Fahrschein	schedule/ticket	'skädjuhl/'tikət
Fieber/Schmerzen	fever/pain	fihvə/peyn
Apotheke/Drogerie	pharmacy/chemist	'farməssi/kemist
kaputt/funktioniert nicht	broken/doesn't work	'brəukən/'dasənd wörk
Panne/Werkstatt	breakdown/garage	'bräikdaun/'gärasch
Hilfe!/Achtung!/Vorsicht!	Help!/Attention!/Caution!	hälp/ə'tänschən/'koschən

ZEIGEBILDER

ESSEN & TRINKEN

Die Speisekarte, bitte.	The menu, please.	Də 'mänjuh plihs
Messer/Gabel/Löffel	knife/fork/spoon	naif/fohrk/spuhn
Salz/Pfeffer/Zucker	salt/pepper/sugar	sohlt/'päppə/'schuggə
Essig/Öl	vinegar/oil	'viniga/oil
mit/ohne Eis/Kohlensäure	with/without ice/gas	wiD/wiD'aut ais/gäs
Vegetarier(in)/Allergie	vegetarian/allergy	wätschə'täriən/'ällədschi
Rechnung/Quittung	bill/receipt	bill/ri'ssiht
Ich möchte zahlen, bitte.	May I have the bill, please?	mäi ai häw De bill plihs
bar/Kreditkarte	cash/credit card	käsch/krädit kahrd

SUAHELI SPRECHEN

Ja./Nein./Okay.	Ndiyo./Hapana./Sawa.
Bitte./Danke.	Tafadhali./Asante.
Entschuldigung!	Samahani!
Hallo, wie geht's?	Hujambo?
Danke, es geht mir gut.	Sijambo.
Guten Tag.	Habari.
Guten Morgen!/Guten Abend!	Habari za asubuhi!/Habari za jioni!
Auf Wiedersehen!	Kwaheri!/Tutaonana! (ugs.)
Ich heiße ...	Jina langu ni ...
Ich komme aus ...	Mimi ninatoka ...
... Deutschland.	... Ujerumani.
... Österreich./Schweiz.	... Mwaustria./... Uswisi.
Ich verstehe nicht.	Sielewi.
Wie viel kostest es?	Hii ni shilingi ngapi?
Bitte, wo ist ...?	Tafadhali, iko wapi ...?
Helfen Sie mir bitte!	Tafadhali unisaidie!
1/2/3/4/5/6/7/8/9/10/20/100	Moja/Mbili/Tatu/Nne/Tano/Sita/Saba/Nane/Tisa/Kumi/Ishirini/Mia

URLAUBS FEELING

ZUM EINSTIMMEN & AUSKLINGEN

LESESTOFF & FILMFUTTER

📖 JETZT SIND WIR DRAN

Lass dich von Michela Wrong ins politische Machtzentrum Kenias mitnehmen. Mit dem Buch (2010) schildert sie biografisch die Erlebnisse ihres Freunds John Githongo, Anti-Korruptionsaktivist in Kenia.

📖 AFRIKA, DUNKEL LOCKENDE WELT

Der Romanklassiker aus Kolonialzeiten (1937) schildert die kläglichen Versuche der dänischen Baroness Karen Blixen, eine Kaffeeplantage aufzubauen. Grundlage des oskarprämierten Films „Jenseits von Afrika".

🎥 KATI KATI

Preisgekröntes kenianisches Drama (2016) von Mbithi Masya, das sich vor dem Hintergrund einer fiktionalen Jenseitswelt, in der sich die Protagonistin wiederfindet, mit komplexen Themen wie Tod, Schuld und Sühne auseinandersetzt.

🎥 NAIROBI HALF LIFE

Spannender Film von David Gitonga über das Schicksal eines Zuwanderers vom Land in Nairobi; entstanden 2012 unter Supervision von Tom Tykwer.

‖ KLEPTOMANIAX – TUENDELEE
Kenianischer Hip-Hop der alten Schule (Achtung: Man will sofort auf- und abspringen).

▶ OCTOPIZZO – SOMETHING FOR YOU
Der Rapper aus Nairobis Slum Kibera ist für seinen sozialen Aktivismus bekannt. Hier legt er ein romantisches Gute-Laune-Lied vor.

▶ MUTHONI DRUMMER QUEEN – SUZIE NOMA
Eine Ode an starke Frauen. Dancehall Vibe lädt zum Hüftschwung ein

▶ J.A.B. – WINNING IN LIFE
Ein jazziger Track der experimentellen JUST A BAND (2008–16) mit hohem künstlerischen Anspruch.

▶ KAGWE U.A. – PARTY NATION
Für Kenias Partyhymne haben sich Nairobis Künstler zusammengetan: Muthoni, Fena, Blinky Bill, Kagwe …

Den Soundtrack zum Urlaub gibt's auf **Spotify** unter **MARCO POLO** Kenya

Oder Code mit Spotify-App scannen

AB INS NETZ

KENYABUZZ
Umfassender Kalender mit Events für Nairobi und den Rest Kenias mitsamt Adressenverzeichnis und Tagestipps. *kenyabuzz.com*

WATTA ON THE GO
Die sympathische kenianische Reise-Vloggerin Wendy Watta gibt auf Instagram *(wattaonthego)* und Youtube auf unterhaltsame Art Tipps fürs Reisen in ihrem Land. Inklusive Insiderinfos, Inspirationen für Ausflüge und beeindruckender Bilder. *short.travel/ken6*

EAT OUT
Restaurantkritiken von Hunderten Restaurants, Cafés, Bars und Nachtclubs im ganzen Land. Hilfreich ist die Restaurantsuche in der näheren Umgebung mit Hilfe einer digitalen Karte. *eatout.co.ke*

KENIA INFO
Professionell gemachter Youtube-Kanal mit vielen nützlichen Infos zum Reisen nach und in Kenia (auf Deutsch). Mit Videos zu Visum, Bargeld, Safaris und vielem mehr. *short.travel/ken4*

TRAVEL PURSUIT

DAS MARCO POLO URLAUBSQUIZ

Weißt du, wie Kenia tickt? Teste hier dein Wissen über die kleinen Geheimnisse und Eigenheiten von Land und Leuten. Die Lösungen findest du in der Fußzeile. Und ganz ausführlich auf den S. 20–25.

❶ Was geht mitten durch das Land hindurch?
a) Der Nullmeridian
b) Der Äquator
c) Der Nil

❷ Welche dieser drei Religionen ist in Kenia am weitesten verbreitet?
a) Islam
b) Christentum
c) Naturreligionen

❸ Was bedeutet „Safari njema"?
a) Guten Appetit
b) Gute Besserung
c) Gute Reise

❹ Warum verließen Abgeordnete 2014 das Parlament?
a) Aus Protest gegen ein Gesetz, das Vielehe gestattet (nur die weiblichen Abgeordneten)
b) Aus Protest gegen die Abschaffung der Vielehe (nur die männlichen Abgeordneten)
c) Aus bisher ungeklärten Gründen

❺ Wie heißt Kenias legendärer Nomadenstamm, der nur 0,5 % der Bevölkerung ausmacht?
a) Massai
b) Kikuyu
c) Luo

Religion spielt für Kenianer eine große Rolle

❻ Was ist (umgerechnet) die Höchststrafe für Nutzung, Herstellung oder Import von Plastiktüten?
a) 320 Euro Geldstrafe oder 4 Wochen Gefängnis
b) 3200 Euro Geldstrafe oder 4 Monate Gefängnis
c) 32 000 Euro Geldstrafe oder 4 Jahre Gefängnis

❼ Wie heißt Nairobis hippe Underground-Bewegung?
a) #NairobiNow
b) #KoolKenya
c) #NuNairobi

❽ Welche Sprache ist keine Amtssprache in Kenia?
a) Englisch
b) Französisch
c) Kiswahili

❾ Wie begrüßen sich Kenianer besonders gern?
a) Kunstvolles Händeineinanderschlagen
b) Nasen aneinanderreiben
c) Küsschen links, Küsschen rechts

❿ Wie heißen die oft auffällig dekorierten Kleinbusse?
a) Dolmus
b) Matatu
c) Tuktuk

REGISTER

LOB ODER KRITIK? WIR FREUEN UNS AUF DEINE NACHRICHT!

Trotz gründlicher Recherche schleichen sich manchmal Fehler ein. Wir hoffen, du hast Verständnis, dass der Verlag dafür keine Haftung übernehmen kann.

MARCO POLO Redaktion • MAIRDUMONT • Postfach 31 51 73751 Ostfildern • info@marcopolo.de

Impressum

Titelbild: Masaischmuck, Masai Mara (AWL Images: E. Wilson)
Fotos: R. Asan (143); huber-images: Biscaro (10), P. Canali (95), T. Draper (20/21, 110), H. - P. Huber (8/9), Schmid (2/3, 40/41, 47), R. Schmid (28/29, 46); huber-images/4corners: C. Irek (139/139); Laif: Riehle (111); Laif/hemis. fr (82); mauritius images: Warburton-Lee (102/103); mauritius images/age (24); mauritius images/Alamy (13, 16/17, 22, 29 r., 30, 34/35, 54, 58, 66/67, 72, 85, 97, 100, 107, 108, 131), T. Balme (69), S. Black (70/71), R. Bradley (32/33), M. Burgess (Klappe hinten), T. Cockrem (128/129), W. Linden (Klappe vorne außen, Klappe vorne innen, 1), K. Nikitin (98), G. Philipas (88/89), B. Pipe (113), G. Prentice (14/15), F. Quevedo de Oliveira (86), G. Rodgers (81), F. Stark (140/141); mauritius images/Alamy/BlueOrangeStudio (50/51); mauritius images/Alamy/ Dbimages (26/27, 79); mauritius images/Alamy/INSADCO Photography (52); mauritius images/Alamy/RZAF_ Images (36); mauritius images/Hemis.fr: R. Mattes (6/7); mauritius images/Imagebroker: M. Moxter (122), S. Pitamitz (114/115), U. Skrzypczak (90/91); mauritius images/Minden Pictures/Globio: G. Ellis (12); mauritius images/robertharding: A. McConnell (57); mauritius images/Westend61: D. Santiago García (11); mauritius-images/age (60); mauritius-images/Alamy (44); mauritius-images/Axiom Photographic (112); H. Mielke (33 r., 37); Shutterstock/ Kawin Ounprasertsuk (74/75); Shutterstock/Hiran Perera Photography (62/63); M. Thomas (48)

14. Auflage 2023, komplett überarbeitet und neu gestaltet

© MAIRDUMONT GmbH & Co. KG, Ostfildern
Autoren: Ruth Asan, Marc Engelhardt
Redaktion: Christin Ullmann
Bildredaktion: Gabriele Forst
Kartografie: © MAIRDUMONT, Ostfildern (S. 38–39, 116, 121, 124, 127, Umschlag außen, Faltkarte); © MAIRDUMONT, Ostfildern, unter Verwendung von Kartendaten von OpenStreetMap, Lizenz CC-BY-SA 2.0 (S. 42–43, 64–65, 76–77, 92–93, 104–105)
Als touristischer Verlag stellen wir bei den Karten nur den De-facto-Stand dar. Dieser kann von der völkerrechtlichen Lage abweichen und ist völlig wertungsfrei.
Gestaltung Cover, Umschlag und Faltkartencover: bilekjaeger_Kreativagentur mit Zukunftswerkstatt, Stuttgart; Gestaltung Innenlayout: Langenstein Communication GmbH, Ludwigsburg
Spickzettel: in Zusammenarbeit mit PONS GmbH, Stuttgart
Texte hintere Umschlagklappe: Lucia Rojas
Konzept Coverlines: Jutta Metzler, bessere-texte.de

Printed in Poland

MIX
Papier aus verantwortungsvollen Quellen
FSC® C018236

MARCO POLO AUTORIN
RUTH ASAN

So richtig angekommen fühlte sich Ruth Asan, als sie Weihnachten mit der Familie einer Freundin in Kitale im grünen Westen des Landes feierte. Umgeben von Maisfeldern und Kuhställen wurde dort an Heiligabend gegrillt und Bier getrunken, von Tannenbäumen keine Spur. Seit 2015 pendelt sie zwischen Nairobi, wo es ab November immerhin in den Shoppingmalls künstlichen Schnee und Weihnachtsdeko gibt, und Berlin.

BLOSS NICHT!

FETTNÄPFCHEN UND REINFÄLLE VERMEIDEN

LEITUNGSWASSER BENUTZEN

Unangenehme, ähem, verdauungstechnische Zwischenfälle lassen sich nicht immer vermeiden. Nimm daher zur Vorbeugung nur Wasser aus versiegelten Flaschen, auch zum Zähneputzen und Kochen.

KENIANER BEMITLEIDEN

Viele Kenianer sind arm, aber sie sind auch stolz. Ein Gespräch auf Augenhöhe kommt deshalb oft besser an als ein paar Münzen von oben herab. Gezielt und respektvoll aushelfen darfst du natürlich trotzdem gern.

SCHMIERGELD ZAHLEN

Ein heikles Thema ist Korruption. Sollte tatsächlich jemand ein Bestechungsgeld verlangen, stell dich am besten dumm und frag immer wieder geduldig nach, was genau gemeint ist. Auf jeden Fall aber ruhig bleiben, denn Aufregung bringt dich nicht weiter und kann zu Problemen führen – vor allem bei der Polizei oder offiziellen Stellen.

VERBRENNEN

Ein laues Lüftchen, moderate Temperaturen – Kenias Wetter lässt einen gern glauben, man wäre vor Sonnenbrand sicher. Trag zum Schutz vor der Äquatorsonne immer Sonnencreme mit hohem Lichtschutzfaktor auf!

WILD RUMKNUTSCHEN

Flitterwochen? Urlaubsflirt? Kenia ist ein hochromantisches Land! Trotzdem sind Zärtlichkeiten in der Öffentlichkeit nicht gern gesehen. Das gilt für alle, besonders für gleichgeschlechtliche Paare, für die es leider gefährlich werden kann.